HR

选人用人
必学必备书

仝宝雄 ◎ 编著

民主与建设出版社

·北京·

© 民主与建设出版社,2020

图书在版编目(CIP)数据

HR 选人用人必学必备书 / 仝宝雄编著. ——北京：民主与建设出版社, 2020.11
ISBN 978-7-5139-3280-6

Ⅰ. ①H… Ⅱ. ①仝… Ⅲ. ①人力资源管理 Ⅳ. ①F241

中国版本图书馆 CIP 数据核字(2020)第 208928 号

HR 选人用人必学必备书
HR XUANREN YONGREN BIXUE BIBEISHU

编　　著	仝宝雄
责任编辑	周佩芳
封面设计	尚世视觉
出版发行	民主与建设出版社有限责任公司
电　　话	(010) 59417747　　59419778
社　　址	北京市海淀区西三环中路 10 号望海楼 E 座 7 层
邮　　编	100142
印　　刷	三河市国新印装有限公司
版　　次	2021 年 1 月第 1 版
印　　次	2021 年 1 月第 1 次印刷
开　　本	880 毫米×1230 毫米　1/32
印　　张	7
字　　数	220 千字
书　　号	ISBN 978-7-5139-3280-6
定　　价	48.00 元

注：如有印、装质量问题，请与出版社联系。

前言

在中小企业，HR承担着企业人力资源规划、人力资源成本控制、员工招聘、员工日常管理、教育培训、绩效考核、薪酬福利核算、员工劳动关系处理等事务。HR的日常管理工作政策性很强，而事务性的工作也非常琐碎，HR的工作不仅是一项重要的管理工作，也是一项服务性的工作。有时受企业文化和企业管理理念的限制，HR在工作中会面临许多意想不到的情况。例如，HR供职的企业业务部门比较强势，HR这时就有可能要做一名"消防队员"，一方面，为业务部门招聘人才；另一方面，辞退一些业务部门不想用又不想得罪的员工。

实际上，HR就像一只勤劳的小蜜蜂，他们从每天上下班的路上就开始思考工作了，包括认真求证核实应聘者信息、渴望得到企业领导的肯定，第一个站出来处理有关员工的问题，参加企业的各种会议，给员工做绩效考核……辛勤工作的"蜜蜂"能酿出"蜜"来吗？这还要取决于企业领导者是否满意，以及大多数员工是否满意。这其实也是衡量HR工作效果好坏的最终指标。

那么，究竟该怎么做才能让企业领导者和大多数员工满意呢？这需要HR从两个方面入手。一方面，要提高自身素质和专业水平，使自己站在更高的起点上，从更深层次思考企业的人才战略，并根据这一战略选（选人——招聘配置，根据需要招到合适的人员）、用（用人——选拔任用，将合适的人员安排在合适的岗位）、育（育人——培训开发，提升员工的知识技能，从而使员工更好地胜任工作）、留（留人——留住人才，让人才与企业共同发展）人才；另一方面，应采取灵活、实用的方法做好各项工作，如引入外部专业机构介入企业人才测评系统，以营销思维开展人力资源工作等。

本书基于上述思考，针对HR工作中面临的实际情况，再结合HR老手的实践经验，设置了招聘计划、选人标准、招聘途径、简历真相、面试技巧、科学招聘、用人原则、用人标准、用人体系、用人机制、部门破局、管理方略12章，对HR的工作进行了全面的阐述。本书内容从实战角度出发，讨论了HR工作中面临的各种实际情况，并给出了相应的应对策略与办法，旨在帮助HR切实解决工作中遇到的各种问题，从而赢得企业上下的认可和信赖，也为自己拼得一片天地。

本书内容全面，由浅入深，可以这样说，本书是想要从事HR工作与正在从事HR工作的人员的必读必备书籍！

目 录

第 01 章　招聘计划：HR 必知的人力资源招聘计划十步骤 / 1

1. 步骤一：分析企业战略经营规划 / 2
2. 步骤二：编制职务设置与调整计划 / 4
3. 步骤三：预测人员需求情况 / 6
4. 步骤四：制订人员配置计划 / 8
5. 步骤五：制订人员供给计划 / 10
6. 步骤六：制订人力资源政策调整计划 / 11
7. 步骤七：制订入职人员培训计划 / 13
8. 步骤八：制订试用期管理计划 / 14
9. 步骤九：编写预算 / 16
10. 步骤十：关键任务的风险分析及对策 / 17

第 02 章　选人标准：德 + 能 + 勤 + 绩 + 性 + 学 / 23

1. 德：HR 选人须以德为先 / 24
2. 能：能做事、会做事、做好事 / 26
3. 勤：有恒心、有勇气、能坚持 / 28
4. 绩：以往的成绩、效率和成果 / 30
5. 性：性格决定命运 / 31
6. 学：自我实现 / 33

第 03 章　招聘途径：HR 招聘渠道与招聘方式 / 37

1. HR 常用招聘渠道的优缺点比较 / 38

2.HR 比较靠谱的几个招聘渠道 / 42

3.HR 内部招聘渠道与招聘方式 / 46

4.HR 外部招聘渠道与招聘方式 / 48

第 04 章　简历真相：HR 是这样筛选简历的 / 51

1.HR 筛选简历时要考虑的事情 / 52

2.HR 是这样筛选简历的 / 54

3.HR 如何审核筛选后的简历 / 56

4.HR 挑选简历的六个标准 / 60

第 05 章　面试技巧：HR 面试选人要当好伯乐 / 65

1. 注重相关工作经验，岗位经验很重要 / 66

2. 比例协调，不要歧视女性 / 68

3. 合理分配不同年龄段应聘者 / 71

4. 从穿着打扮和简历及员工登记表上看执行力 / 73

5. 按照关键标准选拔企业所需的人才 / 75

6. 面试提问：精准提问 + 深度追问 + 直觉验证 / 77

第 06 章　科学招聘：HR 选人之招聘流程五步骤 / 81

1. 步骤一：规定岗位技能，明确任职资格 / 82

2. 步骤二：定义工作标准，测试任职能力 / 83

3. 步骤三：利用测试工具，测试应聘人员 / 84

4. 步骤四：联系工作绩效，检验选聘结果 / 85

5. 步骤五：定期监测绩效，调整选聘方案 / 86

第 07 章　用人原则：比能力更重要的 11 种品格 / 89

1. 忠诚：维护企业的利益 / 90

2. 敬业：对待工作具有奉献精神 / 92

3. 主动：从"要我做"到"我要做" / 93

4. 负责：做好每一件事情 / 95
5. 效率：专注、量化、要事第一 / 97
6. 结果：一开始就想怎样把事情做好 / 99
7. 沟通：学会沟通技巧，掌握沟通分寸 / 101
8. 合作：融入团队，不当团队的"短板" / 103
9. 节约：不要把企业的钱不当钱 / 106
10. 感恩：想想是谁造就了今天的自己 / 108
11. 学习：赢在学习，胜在改变 / 111

第08章　用人标准：HR用人应坚持的六个标准 / 115

1. 以德为先，严把职业道德关 / 116
2. 务实为本，任何成功都是点滴积累的结果 / 118
3. 注重团队精神，反对"个人英雄主义" / 120
4. 扎实的基础知识，是成为"能人"的前提 / 122
5. HR用人，员工认同企业文化很重要 / 125
6. 发展潜力是快速成长的先决条件 / 127

第09章　用人体系：HR用人的方法、技巧、胸怀、境界 / 131

1. 用人方法：用人疑、疑人用；理性疑、感性用 / 132
2. 用人技巧：发现、呵护、包容、使用 / 134
3. 用人胸怀：用其长，容其短；刀子嘴，豆腐心 / 138
4. 用人境界：基层待遇留人，中层情感留人、高层事业留人 / 140

第10章　用人机制：绩效考核＋晋升渠道＋团队管理＋动态用人＋模式创新 / 143

1. 建立绩效考核机制：相马不如赛马 / 144
2. 设计晋升渠道：创造发展空间 / 145
3. 处理好小环境：专注于团队管理 / 148
4. 建立岗位胜任力素质模型：动态用人 / 150

5. 以法为凭，合规用工，让《劳动法》成为企业护身符 / 153
  6. 人才管理新模式："弼马温效应"和"懒蚂蚁效应" / 155
  7. 着眼实战，创新企业人力资源管理体系 / 161

第11章　部门破局：HR与用人部门从相爱相杀到并肩作战 / 165

  1. HR与用人部门之间的分工与协作 / 166
  2. HR与用人部门沟通须遵循的四项原则 / 175
  3. 协调用人部门主管，俘获更多匹配的人才 / 179
  4. 召开招聘需求沟通会，推动招聘合作成功 / 182

第12章　管理方略：HR人才管理六大策略与方法 / 187

  1. 改善生产力：机制+管理+激励+分享 / 188
  2. 战略性人才管理：人员管理+解决方案+找出冗员 / 193
  3. 改善创新：制度设计+加强协作 / 196
  4. 员工发展和留任：内部安排+短期项目+防挖墙脚+员工待遇 / 197
  5. 用高效业务工具管理人才：优先级排序+社会化媒体+风险分析 / 200
  6. 新经济新业态下企业用工方式全解析 / 202

第 01 章

招聘计划：HR必知的人力资源招聘计划十步骤

　　人力资源招聘计划作为组织人力资源规划的重要组成部分，为人员招聘录用工作提供了客观的依据、科学的规范和实用的方法。人力资源招聘不仅需要规划企业的未来，还应反映企业当前员工的调入、调出、升迁等情况。因此，HR在制订人力资源招聘计划时，一方面要考虑企业目前的人才需求，另一方面还应根据企业经营发展的需要考虑制订适合的人才储备计划。由于各企业的具体情况不同，因此人力资源招聘计划的编制步骤也不同。本章详细介绍了编制人力资源招聘计划的各个步骤，各企业在操作过程中可以根据自己的实际情况进行增减。

1. 步骤一：分析企业战略经营规划

制订人力资源招聘计划的第一步，是分析企业的战略经营规划，主要是分解企业业务目标和分析企业未来的人员需求情况。

（1）企业业务目标分解

HR根据企业战略经营规划分解业务目标，要实现最优化的业务目标分解，可以借助平衡记分卡这个管理工具，把战略目标分解为财务目标、客户目标、内部管理、学习和创新四个方面内容，并制定企业总体目标和各部门目标。平衡计分卡特别强调描述策略背后的因果关系，借客户目标、内部管理、学习和创新评估指标的完成达到最终的财务目标。

财务总体目标的主要财务评价指标包括利润、销售额、成本、现金流量等。在分解时要考虑企业所处的发展阶段，因为不同的发展阶段有不同的财务管理重点。在大多数企业的考核管理中，不同部门的财务指标没有明显的差异，只有权重的一些变化。应根据企业不同发展阶段，结合企业的规模和行业背景，制定不同的财务目标，并根据各部门的不同职责，分解财务目标到各个部门。

客户目标是指为了实现财务指标，企业应进行有效的市场细分，找到自己的目标客户群，并为之制定相应的市场目标。关键是要明确企业现有的客户群和潜在的客户群。客户满意度和市场占有率是实现企业财务目标的主要途径。

为了实现企业的财务目标和客户目标，企业应不断地改进内部管理。重点是要确认关键的内部流程是否可以帮助企业提供价值主张，以吸引和留住目标细分市场的客户，从而达到财务评价指标。

学习和创新目标是企业实现财务目标、客户目标、内部管理并取得良好成绩的推动力量。企业今天的技术和能力如果无法确保其实现未来的业务目标，企业就必须投资于员工技术的再造，员工满意度、员工保持率、员工培训和技能等，以及完善这些指标的组织程序和日常工作等驱动因素。

（2）企业人员需求分析

分解完业务目标后，需要对企业的人员需求现状进行盘点，包括人员基础信息、岗位配置、薪酬福利、员工绩效及可持续发展能力等方面的状况。通过盘点，HR就能够掌握企业各部门人员的能力情况、流动情况、流程机制的问题、人员晋升的情况等数据。

人员需求分析分为两个部分：一是新增人员的需求分析，可

通过现场调查、员工访谈等方式收集，最终整合为岗位角色责任要求、工作环境的特点、企业的文化要求、企业发展需要这四个方面内容。二是对现有人员流失补充分析计划。HR一般做季度计划，因为在快速的企业发展中很难制订年度计划。在做这项计划时，应力求避免人力分配不均和人力配置不均，做到岗位分工明确。这样，在人员流失之前，就有充裕的时间补充人员。这是既直观又明显的人员需求分析。

2. 步骤二：编制职务设置与调整计划

企业各部门的职务设置与调整计划是基于人力资源环境分析、人力资源需求与供给预测分析制订的，结合企业战略规划、经营计划以及各部门人力资源需求而提出来的。编制该项计划是非常关键的一步，必须与各部门经理进行充分的沟通，并由企业决策层确认后才能最后确定下来。

（1）编制职务设置与调整计划的内容和目的

职务设置与调整计划的编制工作，要根据企业发展规划，结合职务分析报告的内容来进行。编制职务设置与调整计划的内容包括组织结构、职务设置、职务描述和职务资格要求等。编制职务设置与调整计划的目的是确定行业未来的组织职能规模和模式。

（2）职务设置与调整计划表的编制内容

职务设置与调整计划表直观描述了企业的岗位设置和人员配备计划的内容，它可以直接在人力资源规划的正文中呈现。职务设置与调整计划表的具体编制内容如下。

以房地产销售企业职务设置与调整计划为例，大致包括以下几个部门：

（1）管理高层：现有岗位有总经理、财务总监、营销总监等；拟增岗位有技术总监、行政总监。

（2）财务部门：现有岗位有财务经理、出纳、会计等；拟增岗位有成本控制主管等。

（3）营销部门：现有岗位有销售经理、销售代表、销售助理等；拟增岗位有电话销售员、营销策划员。

除了以上几个部门以外，表中还有研发部门、生产部门、行政部门等内容。

上述各岗位还有具体规定，包括职位类别、岗位职责说明、现有人数、拟增人数、性别、年龄区间、学历要求、专业要求、经验

要求、拟定到岗时间、招聘方式、其他等。

表格中的"职位类别"包括高层管理人员、部门经理、部门主管、专业技术人员、一般员工。表格中的"岗位职责说明"内容很多，比如每个岗位都有相应的职位说明书，各企业可以用附件的形式予以呈现。如果采用本表格，可根据需要选择关键数据，如现有人数、拟定到岗时间、招聘方式等的数据。

另外，表中的重要数据来源于各部门填写的《人力资源需求计划表》，各企业的HR可根据实际需要，选择表中的关键数据和信息进行显示；以表中列出的部分部门和岗位名称为示例，HR可结合自己企业的战略规划、经营计划及人力资源环境风险等对其进行调整。

3. 步骤三：预测人员需求情况

人才需求预测是整个人力资源招聘计划中最重要也是最困难的部分，它要求HR以理性、高度参与的方式进行预测和设计，以解决企业未来经营、管理和技术的不确定性问题。HR需要结合企业的年度工作计划，梳理组织结构，预测来年人才需求。

(1)预测人员需求情况的要求与内容

人员需求计划中应说明所需岗位(职位)名称、所需人员数量、所需人员的获取方法和所需人员的素质。最好形成一个子列表,列出实现组织目标所需的员工数量、招聘成本、技能要求、工作类别以及管理人员的数量和级别等。

(2)预测人员需求情况的基本步骤

参考人员配置计划,HR预测人员需求情况可以包括以下几个具体步骤:

一是预测人力资源的实际需求。根据人力资源现状,确定岗位编制和人员编制,统计人员短缺、超编情况及是否符合岗位任职资格要求,然后与部门经理讨论和修订统计结论。

二是预测未来人力资源流失情况。包括对预测期内退休人员的统计,根据历史数据对可能发生的离职情况进行预测等。

三是预测未来人力资源需求。根据企业年度计划,预测各部门工作量的增长情况,确定各部门所需的新增岗位和人数,最后进行汇总统计。

四是将以上预测情况整合汇总后,形成企业整体的人力资源需求预测。

4. 步骤四：制订人员配置计划

企业的人员配置计划是指根据企业发展战略的需求，对人员进行招聘、晋升、内部调动、培训等，做到"人员配备适当"，能够解决部门之间员工不足与人员过剩等情况。其目的是描述企业未来的人员数量和素质构成。要根据企业发展计划，结合企业人力资源盘点报告，来制订人员配置计划。随着企业的不断发展，人员配置计划也需要随着企业的发展而持续进行更新，这样才能满足并适应企业未来的发展需求。

（1）人员配置的任务

人员配置是指为每个岗位配置合适的人员。人员配置的任务可以从组织和个人两个不同的角度来考察：从组织需要的角度，通过人员配置，实现组织体系的发展和运行，为组织的发展做好人才储备。从组织成员配置的角度出发，通过人员配置，公平地评价每个人的知识和能力，促使每个人的知识和能力不断发展，素质不断提高。

（2）人员配置计划的内容

人员配置计划描述了每个岗位的人员数量、人员的岗位变动、岗位空缺数量等内容。具体包括以下内容：

一是人力资源补充计划。当企业出现人员短缺时，意味着每位员工都要承担更多的责任，处理更多的事务，这将大大降低员工完成任务的质量和效率。因此，HR 需要通过人员配置计划及时补充人员。

二是人力资源配置计划。企业部门人员过多，则会导致管理混乱，相互推诿等现象产生。通过实施人员配置计划，可以引入相关的制度措施，如将剩余员工配置到劳动力不足的部门，既可以让员工发挥自身价值，又可以帮助企业创造更多的利润，从而避免管理混乱等情况的发生。

三是人力资源开发计划。对满足企业发展需求的人员，有计划、有目的地进行上岗前培训，以及将员工分配到相对应的岗位上，确保能为企业所用。其实，人员配置计划就是让每位员工都发挥自身的优势价值，从而使企业得到最大的收益。

四是员工职业发展规划。企业在发展过程中，也需要员工不断地发展，这样才可以适应企业的发展。同时，也可以通过员工自身的能力，帮助企业更快地发展。所以，为了适应企业的发展及员工自身

能力得到提高，HR要根据每位员工的工作技能、工作专长等，在计划中要明确做出有针对性的员工培训的设置，以满足企业的发展需要。

5. 步骤五：制订人员供给计划

人员供给计划是人力需求的应对计划。通过分析过去劳动力的数量、组织结构和构成，以及人员流动、年龄变化和就业等数据，可以预测未来特定时期的人员供给状况。预测结果概述了组织人力资源的现状和未来在流动、退休、淘汰、晋升等相关方面的发展以及变化情况。

（1）应对人员供给过剩与不足的问题

HR在确定人员供给计划的过程中，需要考虑企业人员过剩和人员不足的问题。

人员过剩会使企业开销加大，最好的办法是从中选拔，把不合格、不需要的人员解雇。然后，要对现有的职员进行培训教育，提高大家的工作士气。

对于人员不足问题，如果不想加大企业人员规模，可以给现有的

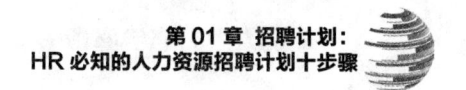

员工制定薪酬激励制度，大家共同分担过多的工作，这样才不会使大家产生消极的态度。这种做法适合在企业最忙的时候使用。如果想加入新员工的话，要做好选拔工作，但是对新员工的培训需要一段时间。

（2）人员供给计划的主要内容

人员供给的方式除了招聘还包括内部培训和晋升，或者通过流程优化将工作分解到现有的流程节点，使现有的人员能够承担，或者实现外包。该计划是在人力资源需求预测和供给预测的基础上实行的，来平衡企业人员的供需，选择人员供给方式（如外部招聘、内部晋升等）完整的人力资源计划。它描述了人员供应方式（外部招聘、内部招聘等）、内部调动政策、外部调动政策、人员准入和实施计划的准入。主要包括招聘计划、晋升计划和内部调动计划。

6. 步骤六：制订人力资源政策调整计划

在人力资源供需预测的基础上，HR 需要制订相应的人力资源调整政策和措施，并上报企业最高管理层批准。

（1）人力资源政策调整计划的目的、任务和内容

人力资源政策调整计划的目的是确保人力资源管理能够适应企业发展的需要。

人力资源政策调整计划的任务是确定计划期内的人力资源政策的方向、范围、步骤和方法。

人力资源政策调整计划应明确规划期内人力资源政策调整的原因、步骤和范围，包括招聘政策、绩效考核政策、薪酬福利政策、激励政策、职业生涯规划政策等。

（2）制订有关人力资源供需方面的政策和措施

这方面主要是做好以下两项工作：

一是制订解决人力资源需求的政策和措施。具体包括：对员工进行组织培训根据情况提高受训员工的工资和其他福利；实行平行转岗和适当的岗位培训；延长员工的工作时间或增加员工的工作量，并给予加班、超负荷的奖励；重新设计工作，提高员工工作效率；聘用专职临时工或兼职临时工；改进技术工艺或进行先进工艺生产；制订人力资源招聘策略，组织外部招聘工作；采取正确的政策措施，调动内部现有员工的积极性。

二是制订解决内部资源过剩问题的措施。具体包括：永久裁减或辞退员工；关闭部分无利可图的工厂或车间；提前退休；通过劳动力转移减少人员；再培训，转岗，或适当保留一部分人员；减少工作时间；减少两人或两人以上同工的工作时间。

7. 步骤七：制订入职人员培训计划

在选择人员供给方式的基础上，使员工适应工作岗位的需要，制订相应的培训计划。

（1）入职人员培训类型

入职人员培训类型主要有以下两种：

一是为了实现提升而进行的培训，比如管理人员的职前培训等。

二是为了弥补现有生产技术的不足而进行的培训，如招聘进来的员工接受的岗位技能培训等。由此也可以看出人员培训计划属于人员供给计划的附属计划。

（2）入职人员培训计划的内容

一般来说，一个完整的培训计划中应该包括培训目的、培训

方式、培训内容、培训考核、培训评估等几个方面的内容。职业培训的目的是明确本计划的目的，以及通过培训可以取得什么样的效果。包括帮助新员工全面了解企业的业务和企业文化、掌握工作方法、适应工作群体和规范等。培训方式为线上或线下培训、集中培训或团体辅导等。培训内容包括介绍企业的经营历史、宗旨、规模和发展前景，介绍企业的规章制度和岗位职责，介绍企业内部的组织及相关部门的处理和反馈机制等。培训考核分为在线考核和应用考核两部分，在线考核问题由每位培训教师提供；应用考核通过观察测试等方式，考察员工在实际工作中的表现及改善情况。培训评估是通过培训结束后的各种问卷调查和一段时间后的员工绩效综合评估，对培训效果进行评估，找出培训中存在的问题，并及时调整和改进。

8. 步骤八：制订试用期管理计划

试用期是指用人单位对新招收的劳动者的工作能力、综合素质等情况进行考核的期限，是劳动合同的先行部分，也是决定劳动者能否被录用的考察期。制订试用期管理计划有助于做好试用期管理工作，帮助企业更好地选择、培养所需人才。

（1）试用期管理计划的内容

员工试用期管理计划包括写明试用期内哪些岗位需要特别注意，哪些岗位在试用期内人员流失严重及相应解决对策，每个岗位新员工在试用期内的工作标准及成为正式员工的条件、审批权限等。

（2）制定新员工的试用期目标

"试用期"是新员工和企业之间一个非常"微妙"的时期，做好试用期管理可以帮助企业更好地选择、培养所需人才，是HR工作的重点内容之一。在试用期管理计划中，HR应与部门沟通，将岗位职责和部门阶段性工作目标分解到各个岗位，并根据新员工的实际情况设定目标。对于具体的目标以及如何评价，可以先请部门提出具体的意见和想法，HR审核后上报企业领导批准，确定员工试用期期间的工作目标。

HR在设定目标时，可以向部门提出一些建议。同时，设定目标应遵循一些基本原则：一是目标和任务的数量应该是渐进的，而不是一步到位的。二是充分考虑目标任务的难度合理性，一方面新员工在试用期的工资有折扣，另一方面给新员工一些适应和缓冲的时间。这也是一

些企业对新员工有一个保护期规定的原因,即使新员工第一个月的表现不达标,也不会影响底薪,在某些情况下,采用底薪更为合理。

9. 步骤九:编写预算

人力资源的相关活动需要相应的费用,人员规划的一个重要任务就是控制人力资源成本,提高投入产出比。为此,HR必须对人力资源费用进行预算管理,编写人力资源费用预算。

(1)预算编制的基本思路

HR编制预算需要遵循以下思路:根据员工上一年度的实际工资计算下一年度的工资金额,并根据企业、部门业务指标的变化,组织结构的调整,以及政府工资指导线的变化等计算下一年度的工资;根据社会保障最低缴费基数,预期测算企业承担的金额;根据人员变动计算其他福利金额;根据其他项目的增减变动情况测算相应的成本。最后,将各部分的预算之和作为人力资源预算总额。

(2)预算项目及预算编制方法

人力资源预算包括的常见项目有:员工选拔和招聘、培训和发展、薪资与福利、员工与劳工关系、多元化管理项目实施等。

预算编制方法一般有两种：一是渐增预算法。利用当前结算，在预估的基础上向上或向下调整每个项目，来制订出新的预算。二是零基预算法。每个项目在纳入预算前，必须先经过论证来确定。采用零基预算方法必须有个可靠验证的模型。

10. 步骤十：关键任务的风险分析及对策

每个企业在人力资源管理中都会遇到招聘失败、新政策引发员工不满等风险。这些风险都可能会影响到企业的正常经营，甚至会导致严重的危机。风险分析就是通过对员工聘用与离职、绩效考核等关键任务的风险识别、风险估计和风险监控等一系列活动，来预防人力资源管理过程中可能发生的风险问题。

（1）人力资源规划风险及管控

人力资源规划环节的主要风险包括以下两点：一是在规划过程中，可能由于人力资源需求信息、供给信息和其他信息不准确、不相关等导致人力资源规划不科学、不合理的可能性。二是相关

岗位设计不合理、岗位人员胜任能力不足、员工道德低下等导致人力资源规划不科学、不合理的可能性，致使人力资源规划无法实现或解决困难等。

针对上述人力资源规划风险，HR可以从以下几点来应对：一是在人力资源规划过程中，各部门提交的人力资源供需信息必须经部门主管领导审核签字，并承担相应的职责。二是与员工沟通人力资源规划中的相关内容，使企业的相关策略能够有效地传递给相关员工，从而确保人力资源规划的顺利实施。

（2）员工聘用与离职风险及管控

人力资源招聘的风险包括以下三个方面：一是信息不对称。为了获得职位，应聘者可能会采取多种手段向企业传递一些利己的虚假信息，这将影响企业对应聘者能力的正确判断。二是应聘者的素质和动机。应聘者从自身利益出发，选择与自己关系好的人，影响企业招聘的公平性。三是人才评价风险。这方面的测评工具不完全有效，HR据此采取的雇用行为可能不正确，因而造成招聘损失。

控制措施有以下两种，一是做好招聘基础工作，并合理选择招聘渠道。二是制订相应的策略环境和程序，使应聘者遵循一定的规则。

在制订和实施员工离职策略的过程中，应识别出以下风险：一是潜在的泄密风险。如员工离开时涉密文件转移不清，可能发生泄密事件。二是职位空缺风险。员工主动辞职的直接后果是职位空缺。关键岗位的空缺将使企业无法正常经营，高管辞职的成本将更高。三是人心动摇风险。一旦员工特别是关键岗位员工或管理者离职，势必会对未离职员工产生负面影响，削弱组织向心力和凝聚力。

控制措施有以下三种，一是提高员工职业道德，从根本上降低辞职风险。二是做好保密工作，规范涉密人员离职手续内容，与他们签订保密协议。三是建立技术队伍，尽可能不过分依赖一个或几个技术人员或专业人员。

（3）绩效考核风险及管控

绩效考核风险主要是指绩效考核没有达到预期目标的可能性，包括绩效考核策略风险与考核结果应用不当等风险。为了形成良好的控制环境，避免绩效考核可能发生的风险问题，绩效考核应遵循一定的策略和程序，针对风险采取相应的控制措施，以降低风险对考核结果的影响。

在制订绩效考核策略时，要考虑行业技术、组织规模、企业发展周期和组织文化的特点，根据企业环境制订相应的绩效考核策略和程序。绩效考核结果应与薪酬、激励、培训、岗位调整等有机结合，实现人力资源管理的有效整合，从而服务于企业的整体战略目标。

（4）薪酬与激励风险及管控

薪酬策略的制订和执行过程的风险，一是制订的薪酬策略与企业经营战略脱节或错位，设计的薪酬激励不科学、无效。二是由于管理不善、职责分工不当，在工资的计算、审批和发放过程中，可能存在计算不准确、人员名单重复或存在虚假工资、报销不实、加班费多报、员工工资拖欠等风险。

控制措施有以下两种，一是在制订薪酬管理制度时要科学衡量企业的薪酬水平，通过物价水平、居民生活水平、同行业竞争水平等因素，客观评价企业的薪酬水平。二是建立薪酬体系要遵循公平、激励、合法的原则，执行科学合理的薪酬计算、审批和支付程序。

（5）员工培训管理风险及管控

培训可能导致培训政策目标失败的风险有：一是培训前缺乏具体需求分析，导致培训目的不明确，直接导致培训效果不佳。二是未认真分析培训需求，明确培训对象，导致培训失败，比如对不需要培训的人员进行培训验收。三是未能根据培训对象选择合适的培训方法，且未充分考虑不同培训方法的适用范围、优缺点，使所运用的培训方法最后无法达到预期效果。四是缺乏有效的评价，导致激励机制缺失及培训效果不佳。

针对培训目的不明确的问题，应设置培训总目标和具体目标。

培训总目标需要不断分层次细化，使其具有可操作性。具体目标包括让新员工体会到归属感，消除初进企业时的紧张焦虑情绪，告诉他职位要求和具体做什么，让新员工了解应具备解决问题的能力等。针对培训需求不清晰的问题，可以通过观察法、问卷法、访谈法等收集培训需求信息，明确培训需求。针对培训方法不当的问题，要根据员工实际情况采取不同的方法，可选择的方法如讲授法、视听技术法、讨论法等。针对培训缺乏评估的问题，需要明确培训效果评估的基本原则，选用合适的评估模型及方法，设计科学合理的评估指标体系，以及加强培训评估信息化建设。

（6）劳动关系管理的风险及管控

劳动关系管理过程中可能会面临风险。相应的管控策略是：因对国家法律法规理解不透彻或未严格执行国家法律法规所规定的劳动纠纷解决办法，导致企业遭受损失的风险，应将劳动合同作为解决纠纷的重要依据和证据，以降低劳动争议解决的成本。对于因人力资源档案管理不善产生的劳动关系纠纷，使企业利益受损的风险，应建立并健全人力资源信息管理制度，包括专人管理人力资源档案，按照相关要求保管档案等，保证企业人力资源信息的真实、完整、安全。

第 02 章

选人标准：德＋能＋勤＋绩＋性＋学

　　企业在选择人才的时候，面对从各个渠道搜罗而来的简历不知道如何应对，试用期阶段也不知道该从哪几个方面对新员工进行考察。其实，如果能在选人前真正确定"德、能、勤、绩、性、学"这几个标准，情况就会大有改观。这几个标准中的每一条，都是 HR 大咖的经验之论。所以，HR 们一定要根据自己企业的战略需要及岗位特点来选人、用人才会得到较好的效果。

1. 德：HR 选人须以德为先

德即品德，一个人让人最信任的还是其品德。德才兼备者是理想的人选，即使是在凤毛麟角的德才兼备之人中，德的看重还是排在第一位的，可见德的重要性。人们不说"才德兼备"而说"德才兼备"，就是因为一个人若有才无德，其破坏力会更大，弄不好会造成不可估量的损失。正所谓"德不配位，必有灾殃"！因此，HR 选人，当以德为先，这乃第一宗旨。

（1）HR 选人以德为先的必要性

中国人历来有"先品德，后品才"的传统观念，但二者相比，德性是更侧重的。一个能力小、道德素质好的人，因其勤劳诚实，不怨不悔，也能被领导托付重任，这样的人能起到螺丝钉的作用，用他们让人放心。相反，那些有才但道德素质低下的人，不仅会自己腐烂，还会把"病毒"传染给周围的人，使他人也跟着慢慢腐烂，破坏力可想而知。

事实上，很多企业都在追求自己的文化价值观，其目的就在于塑造员工的道德品质。在华为，尽责和负责的员工素质是他们最大的财富；在微软，责任贯穿于员工无作为的道德品质中；在IBM，保持诚信和强烈的责任感是每位员工必须履行的职业观。因此，HR选人只有以德为先，才能保证企业长期稳定发展。

（2）HR如何选到有德的人

人的品德不经过长期的交往，是不能真正发现其好坏的，但从过往的职业经历中却是可以发现端倪的。例如，跳槽的人员敢把曾经上司的电话甚至总经理的电话填写到履历表中，给用人单位做电话背调，那么就说明这个人还是有很大可信度的。HR应该先查询他（她）所留信息是否与本人对得上号，然后进行背调，如果得到相符的结果，这个人就应属必招的。

当然，背调只是方法之一，在选人过程中，HR还需要针对应聘者的诚信意识、奉献精神、责任感、团队意识、创新思想，以及是否认同企业文化等进行考察。方法上可以在面试时通过提一些开放式或情景式的问题，比如他对工作、对财物、对制度、对领导和同事的态度等，来侧面了解应聘者对不同情况的看法，从而判断其职业道德、价值观和是非观。如果该面试者在品德上得到肯定的考察结果，那么HR就捡到"宝"了

现在有些测评工具被应用到选人过程中，但有一种两难的境

况是：当测评与个人经验相冲突时，常常让人无法决定到底以哪一个为准来判定人。有人说以测评结果为准，也有人说以个人经验为准。其实这两种说法都太片面了，正确的做法应该是将两种方法结合起来使用，这样才是科学的，才能发挥最大效力。

2. 能：能做事、会做事、做好事

理解了德的重要性并知道如何选择有德之人，接下来的任务就是选有能力的人。这是招聘选人的第二条标准。那什么是能力？能力也可以称为才华，通俗地说就是能做事，会做事，做好事！这样的人能领悟领导的意图，是真正能够"解决问题"的人。那么作为HR，如何在选人时判断一个人的能力？

（1）能力强的人有哪些特征

真正厉害的人，不是看他（她）说了什么，而是看他（她）做了什么，继而能力也就可以从中表现出来。能力强的人往往都有以下特征：

一是进取。有进取心的人，每做一件有意义的事都会全力以赴地去完成。

二是高效。他们总是能够在复杂的工作中,找到合适的解决办法,从而提升工作效率。

三是专注。能控制住自己不受外界干扰,将时间和精力放在对工作的深入思考中。

四是自律。一个人越自律就会越优秀,内心也越强大,并且能够以苦为乐,从自律中受益无穷。

五是自信。能够真正干出一番大事业的人,都是自信心很强的人,他们知道自己将来必会成功。

(2)HR要这样选择能力强的人

要选能力强的人,作为HR首先要自己有能力,比如需要掌握心理学、管理学、组织行为学等知识,还需要掌握一些工具如能力胜任力模型等。在选人过程中,应聘者以前的工作内容、工作职责,以及工作级别等,都是HR凭经验判断其是否有能力的重要依据。

在面试过程中,通过笔试、情景模拟、场景提问并追问、实操测试以及行为面试的方式,来考察应聘者的学习能力等。通过面试交流,来分析应聘者是否语言表达条理清晰,用语准确,重点突出;是否能够积极倾听意见,尊重他人,正确理解他人的感受、观点和看法;是否能够有效运用各种沟通技巧说服他人等,这些都可以考

察应聘者的沟通能力。还可以就企业目前比较棘手的问题进行情景模拟，考察应聘者解决问题的能力、专业技能、管理能力等。这些都是效果不错的能力考察方式。

3. 勤：有恒心、有勇气、能坚持

勤指的是勤奋、勤勉，对待工作有恒心、有勇气、能坚持，也是一种能力的特征。勤奋的人一能尽心、勤勉、用心，二能遇事不推诿；三能遇到难事、苦事不躲避、不绕开。在工作中，勤奋努力的人选定方向就会不抛弃、不放弃，咬定青山不放松，正所谓"天道酬勤"。这些兢兢业业的人勤奋好学，勤勉上进，认真细致，踏实肯干，对工作认真负责，执行力强，能将既定规划快速落地实施，做任何事都能让领导放心。

事实上，没有哪个企业喜欢懒惰的人，都喜欢勤奋的人。因此"勤"，是 HR 选人的重要标准之一。

（1）勤奋的内涵

勤奋，"勤"就是尽力多做，"奋"就是鼓起劲儿来。强调鼓起劲来，不断地尽力多做，才能有所收获。具体来讲，勤奋有以下几个方面的含义：

一是尽力多做。尽力多做是勤奋这一美德的基本要求，只有多做才能熟能生巧，巧能生精；只有尽力多做才能总结经验，不断进步；只有尽力多做才能积少成多，有所收获。

二是奋发有为。即鼓起斗志、鼓足干劲，精神抖擞、意气风发地投入工作实践中。现代化快节奏的生活，不仅需要刻苦耐劳、聪明机智，还要求具有精力旺盛的干劲。

三是坚持不懈，它是勤奋与否的试金石。古人说"天行健，君子以自强不息"，直到现在，"自强不息"的精神已经融入了我们的血液，时刻在激励着华夏子孙为中华民族的伟大复兴而努力奋斗。

（2）HR如何判断应聘者是否勤奋

应看他（她）的工作履历，经常跳槽的一定不是踏实的人，在一家企业坚持得越久越是忠诚的员工；看他（她）的能力，以及他（她）提的工资水平要求，能力一般却想要比市场源价高的工资的人不是个踏实的员工；看诚实度，比如先问些简单的问题，再从回答里边看，诚实度不高的也是不够踏实的；问他（她）曾经吃过什么苦，吃苦多的人一般都很勤奋，穿得花哨的一般也吃不了什么苦；看他（她）的语速及话多不多，语速快，话多的一般也不够踏实。

也可以发送匿名的、私密的、定制的调查表给应聘者的同事或前同事，然后从收到的有关资料来判断应聘者是否勤奋踏实。

4. 绩：以往的成绩、效率和成果

绩即业绩、绩效，指个人以往的成绩、效率、成果。工作讲方法，做事讲成效，企业追求利润，追求效益，选人用人当然看其以往做事的成果，有没有具体的案例可查，能为企业带来多少效益。比如企业目前面临的难题，询问应聘者以前是否有这方面成功的经历。因此，这也是 HR 选人的重要标准之一。

（1）业绩在实际工作中的定义

业绩指的是完成的事业或建立的功劳，或者重大的成就。在实际工作中，业绩是指工作人员做出的成绩。比如经营者的工作业绩，就是完成主管部门下达的各项经济效益指标和工作任务的情况；普通工作者，工作业绩即是其完成的工作量。从绩效的角度讲，业绩就是完成的工作任务，给企业创造的价值，带来的利润增长点。

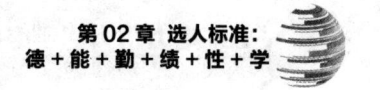

（2）HR要选有业绩和专长的人才

业绩可以反映一个人德行的优良，也可以反映一个人的才干大小。HR在选人过程中，要选择有业绩和专长的人才。为此，要打破原有的招聘渠道，引进高层次、精英型、拔尖型人才和专业带头人，并建立以绩效为导向的市场化人才选拔机制。

5. 性：性格决定命运

性即性格。性格决定命运。应聘者什么性格？企业团队现阶段领导需要什么性格的人来配合、执行工作？配置什么样的人HR必须要考虑应聘者、团队主管、团队成员的性格，看看应聘者是否能够和这些人相处融洽。

（1）HR短时间内判断应聘者性格的小技巧

人之所以难于判断和了解，是因为人在社交层面普遍存在"假面"，所以给一个人的性格下结论确实比较难。这里给出几个小技巧，可以帮HR高效选人。

情绪控制：这是成熟的标志，也是自我保护的重要技能。特别是

在面试过程中，通过话题的快速变化更容易观察到应聘者的情绪变化。

示弱探底：应聘者是否在面试表现出的"前倨后恭"，可作为判断人是否势利的检测指标，如果对弱者采取对其"前恭后倨"的态度，则更能透射出此人的操守品行、自我认知、人格特征和价值取向。

争议性话题：面试时，HR可以提出一个有争议的话题或最近发生的热门话题，作为激发应聘者情绪和心态的测试，从而推断出应聘者的思想轮廓、成熟度和信心。

两难问题：把一个两难问题抛给应聘者，看他（她）是如何面对的，如果有多赢意识，则说明其人格特征和价值取向是好的。

家庭和背景：如果HR能提前了解到对方的家庭环境和成长背景，则可作为一条相对可靠的判断依据。

用词：说话时用词谨慎同时眼神专注度较高的人，阅历都不会差。从行为层面看，其以前也应该有过较丰富的实践经历。应聘者在自我总结的时候可以展现出这一方面特点。

城府表现：在HR观察应聘者和了解应聘者的过程中，有城府的应聘者也一直在观察和理解HR，并随时调整自己的语言和行为。这时，HR往往会有一种"被人看见的感觉"，一旦有了这种感觉，HR就可以判断应聘者是一个城府深的人。

（2）HR可做参考的性格人格测评工具

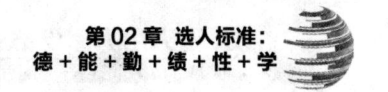

心理学在人的性格解剖方面也有一些成果可以借鉴，比如各类人才测评工具可以从不同角度出发量化应聘者的性格。当然，这些性格或人格测试工具只能作为参考，不能作为最后的筛选工具。

　　可作参考的性格人格工具有九型人格（Enneagram）、行为风格（DISC）、情商（EQ）、压力指数（StressQuotient）、敏锐力（Acumen）、核心竞争力（Competency）、激励因子（Motivator）、类型指标（MBTI）、人类行为语言（DISC）、行为风格（PDP）、行为事件访谈（BEI）、五类人格等。

6. 学：自我实现

　　学指的是"自我实现"，是美国著名社会心理学家亚伯拉罕·马斯洛"需求层次理论"（从低到高依次分为生理需求、安全需求、社交需求、尊重需求、自我实现需求）中的最高层次。马斯洛认为，人类需要的最高层次就是自我实现，每个人都必须成为自己所希望的那种人。自我实现的需要就是"人要实现他（她）所能实现的一切欲望"。具有这种强烈的自我实现需要的人就叫"自我

实现人",或者说企业最理想的人就是"自我实现人"。

（1）自我实现的含义与实际作用

百度百科对自我实现解释说：它是指实现个人理想、抱负，发挥个人的能力到最大限度，达到自我实现境界的人。这种人接受自己也接受他人，解决问题能力增强，自觉性提高，善于独立处事，要求不受打扰地独处，完成与自己能力相称的一切事情。

作为人的最高需求，自我实现意味着实现个人丰满人性和巨大潜能，即身心潜能得到充分发挥。因而在实践中，只要他们做自己喜欢并且能够做好的事情，他们就会感到最大的快乐。

（2）HR应如何对待人的自我实现？

实际上，对于HR来说，尊重"自我实现"主要体现在"用人""留人"环节。比如，将追求自我实现的人的目标与团队目标挂钩；通过事业留人，使人尽其才，有发展空间，从而满足人的自我实现最高层次的需要等。放在"选人标准"这一章来讨论自我实现人，旨在强调HR在选人时要慧眼识金，珍惜那些有理想、有抱负的应聘者。

在众多应聘者中，"95后""00后"新生代是一支生力军。他们拥有许多鲜明的标签，如"标新立异""时尚前卫""自由自在""非主流""自我意识"等。事实上，许多步入职场的新生代的人，追求的是"自我实现"而不是"待遇"。新员工永远是未来的主力军，未来永远是管理的"风口"。过去招聘员工，强调员工为企业服务。现在的新一代员工，更多的需求是自我实现。因此，HR需要对此认真思考，深入了解未来职场的主力军的情况，从而在企业的企业文化、组织构架、制度流程，以及达成企业与个人的发展目标方面达成共识，有针对性地培养和保留优秀人才，做好迎接新生代员工的准备。

迎接新生代先要把好关。一份调查统计显示，新生代在求职时关注的问题从主要到次要，内容依次为企业氛围→学习提升空间→个人能力与特长匹配度→实现个人价值→工作的城市地点→薪资→平台大小→工作的稳定性。这是一个重要信息，它意味着HR要在选人招聘环节，确立以"人本"为导向，顺乎人性，激发员工的积极性和创造性，同时也要注意个体的差异性，确保人尽其才。为此，要对新生代的求职动机进行充分考察，比如应聘者强调"职位及晋升能充分发挥自己的特长"，这就体现了他（她）的理想与抱负等。

第03章

招聘途径：HR招聘渠道与招聘方式

　　招聘渠道的选择对招聘的成败至关重要，是解决"招人难"这一问题的关键所在。很多企业在招聘方面很舍得投入，但效果不甚理想，其原因与HR对招聘渠道的了解和采取的方式方法有直接关系。尤其是在招聘渠道布局方面，不同的招聘需求所选择的人才猎取方式也不同，因此要对症下药，根据对企业的分析和相应招聘渠道的评价，得出切合实际的渠道招聘战略，进行相应的渠道布局。

1. HR 常用招聘渠道的优缺点比较

作为一名合格的 HR，应当对常用招聘渠道的优缺点有充分的了解，并做好招聘渠道的战略布局。当企业明确需要什么样的人才时，HR 可以根据所了解的情况来选择一两个甚至多个渠道来招聘，从而更好更快地找到最适合企业发展的人才。

（1）HR 常用的招聘渠道之优缺点比较

传统互联网招聘：优点是费用相对比较低廉，招聘信息发布快捷发布量大，筛选快捷。对于白领阶层而言，基本上是"找工作，一键搞定"。缺点是不能高效控制应聘者的质量和数量，特别是各种垃圾邮件、病毒邮件等会加大招聘工作的难度。通常，在常年招聘较多人员的单位多会采纳这种形式。另外，随着各大人才互联网网站简历库的丰富完善，HR 可以利用互联网网站提供的"网才"服务在简历库中搜寻要找的人。传统互联网招聘采用的是典型的"记录性系统"，它记录的招聘信息以及求职者的个人信息，都是以数据的形式存储在招聘网络中。原则上这两个信息依赖用户的行为，求职者或者企业的招聘人员通过搜索或者检索行为，才可以被匹配到一起。这种方式有些类似于猎头的招聘方式。

校园定向招聘：优点在于校园招聘成本低，有时人员甚至免费入场，为知名企业服务。同时可以极大地提高企业在高校圈子中的知名度，为企业留住人才提供人才储备，为建立良好的校企合作关系奠定基础。缺点是应聘人员的专业水平（态度、专业技能、行为习惯等）不高，员工流失率高，这就需要HR投入更多的精力进行系统完整的培训。

现场招聘会：优势是成本适中。HR可以直接与应聘者面谈（相当于初试），还可以直接展示企业的实力和风格。这种方法能迅速淘汰不合格人员，控制应聘者的数量和质量。缺点是往往受展会主办方宣传力度的影响，应聘者的数量和质量难以得到有效保障。

企业内部招聘：优点是成本很小，可以大大提高员工的士气。应聘者熟悉企业，适应企业文化和管理，能迅速进入工作状态，使企业能在内部培养多功能复合型人才。缺点是人员供给有限，容易形成派系，组织决策的建议缺乏差异，不利于管理创新和变革。

猎头企业招聘：优点是利用其储备人才库、关系网络，在短期内快速、定向寻找企业所需要的人才。缺点是收费比较高，通常是被猎成功的人员年薪的20%~30%。

媒体广告招聘：优势是覆盖面广，目标受众接受概率高。它不仅能提高企业在当地的知名度，还能有效地促进企业业务的发展，一举多得。缺点是会吸引很多不合格的应聘者，增加了筛选简历的工作量和难度，延长了招聘周期。另外，该渠道成本相对较高，选择"抢眼"的论坛和版式其成本会更高。

招聘告示：优点是简单易行，可满足文化层次不高、经济条件不好的人员求职。缺点是影响企业形象，存在胡乱张贴广告、告示的行为。

员工推荐：优点是招聘成本小，应聘人员和现有员工之间存在一定的关联相似性，基本素质可以信任，可以快速找到和现有人员素质技能相近的员工。缺点是选择面比较窄，往往难以招到能力出众、特别优异的人才。

广播、电视台招聘：优点是利用知名企业招聘栏目进行企业人才招聘宣传，可使企业得到很好的宣传。缺点是成本高、适用范围小。

圈子招聘：当下，一些企业通过在职业社交网站、网络论坛上发贴、开博客或在微信等即时通讯工具上发布招聘信息的方式，吸引圈子内的求职者应聘。圈子招聘一般涉及多行业圈子、多个行业论坛、多个行业 QQ 群、微信上的联系人等，应聘者一般都是处于同一个圈子、同一个行业,所以通过圈子招聘更容易招聘到合适的人才。圈子招聘最典型的方式就是猎头服务,像烽火猎头企业这种国内排名前三的猎头服务企业,其本身的人才资源就有一个强大的人才圈子;是否有资格进入烽火猎聘的高级人才库是能否进入招聘圈子的关键因素。圈子招聘的针对性非常强、招聘成本较低,但相对招聘受众范围小、招聘效率低及因缺乏监管而易陷入一些招聘陷阱。

社交招聘:社交招聘是最原始也是简单的,就是熟人推荐。随着移动互联网技术的发展,在移动互联网上出现了职业类社交招聘平台。其优势在于,在会员活跃度较高的社交网站上,企业对于某个人才的了解不再局限于"简历"的层面,其"人脉圈"也是该应聘者职业经历和能力的良好佐证。其缺点是社交招聘需要求职者能够拥有一张很强的人际关系网,而这对于一个做招聘工作时间较短的人来讲,是很难甄别出企业所需要的真正人才的。

(2)HR如何做好渠道的战略布局

了解各类招聘渠道的优缺点后,HR就可以根据企业的招聘需求和相应的成本规划,设计出合适的人才招聘渠道策略。在布局上,可以选择通过长期合作能提供多渠道招聘套餐的招聘平台来降低成本。评判这样的平台,可以看三个方面,一是目的性,即是否

能够达到招聘的要求；二是经济性，即是否能够花费最小的成本；三是可行性，即是否能够符合现状可操作。然后，通过合理分析企业的招聘需求，确定合适的招聘渠道，选择合适的招聘方法。

招聘渠道战略布局的实现不是一时的工作，而是需要一个长期的建设过程，在招聘环节中应予以重视，需要企业HR和提供招聘渠道的工作人员及时有效地沟通，及时调整制定出符合当下的方案策略，当然也要有相应的资源投入作为保障。

2.HR比较靠谱的几个招聘渠道

招聘渠道对于HR来说再熟悉不过了，诸如网络招聘、现场招聘、猎头招聘、媒体广告招聘等。这里给大家分享几个靠谱的招聘渠道。

（1）内部推荐：推荐、轮岗、联系离职者

员工推荐是鼓励现有员工向企业介绍新的工作候选人的一种招

聘方法。员工推荐对招聘专业人才比较有效。优点是招聘成本小、应聘人员素质高、可靠性高。缺点是可选择的面窄，被推荐人员的质量一般。同时，应聘者往往容易和推荐者形成"小团队"，给以后的管理工作造成一定的困难。企业 HR 可以制订一些激励政策，鼓励员工内部推荐，比如成功推荐一个岗位奖励多少奖金等。

内部岗位轮换是企业有计划地按大体确定的期限，让员工轮换做若干种不同工作的做法，从而达到考察员工的适应性和开发员工多种能力，提高员工换位思考意识，进行在职训练，培养主管的目的。企业 HR 可以将内部人员通过岗位轮换的方式轮换到人员难以招聘的重要岗位上来，然后再招聘那些空缺的岗位的人员。这种方式可以降低招聘难度。

离职人员也是企业非常重要的资源，因为他们对企业非常熟悉，可以帮助推荐人员和宣传。因此，联系离职人员，做好员工离职管理工作也非常重要。

（2）新互联网移动招聘：社交群招聘、圈子招聘

在移动互联网时代，人与人之间可以通过即时工具进行高效的连接，越来越多的人会在共同的价值观或兴趣爱好的引导下聚集在一起，形成各种类型的社群、圈子组织，从中获取自我满足和集体归属感。招聘网站通过调研发现，随着"90后""95后"，甚

至"00"后这些新生代员工成为劳动力市场的主力军，职场也发生了相应的变化，职场社群化正在崛起，招聘的方式也在发生变化。职场社群化、圈子化看似是一次新的发展，实则是一场返璞归真的"复兴"。

此外，在朋友圈和 QQ 空间发布招聘广告的时间可以选择四个时间段：一是清晨，此时人们发送的信息很少，而很多人起得很早，第一个动作就是拿起手机看朋友圈和空间，所以招聘信息很容易看到。二是中午。中午下班后至下午上班前这段时间，是看微信群和朋友圈的高峰期。三是晚上 8 点晚饭后，是高峰时间。四是晚上 10 点到 11 点睡觉前，这是微信阅读的高峰。

（3）传统互联网招聘：重在挖掘网站潜力

网站招聘包括全国招聘网站、地方网站、行业网站和部分搜索网站。招聘网站在招聘渠道排名中排第一，是所有招聘渠道中最有效、提供简历最多的。

要挖掘招聘网站的潜力，需要做到以下几点：第一，岗位招聘信息描述必须具有吸引力。第二，信息的每日更新是最重要的。保持信息的新鲜感，以便更多的人能随时随地看到它。第三，许多招聘网站套餐里都有主页显示，可以适当地采用以提高认识度。第四，关键词搜索要先紧后松。搜索简历时应尽量搜索相关简历。例如，一开始搜索词是年龄、性别、专业、毕业年份等，但当你删除专业或毕业年份时，你会发现新的简历。同时，你可以改变几个关键字，就会有新的收获。第五，在下载简历前，需要快速浏览并判断简历是否符合要求，查看应聘者工作经历、工作年限、家庭住址等关键要素，用10秒钟快速判断合适与否。

（4）传统社交招聘：链接和借助资源，扩大影响

社交招聘体现了人脉的关键性，包括同学、同事、同行大咖、论坛沙龙、行业展会等。这些都是展示企业品牌、扩展招聘面比较重要的渠道。

该渠道潜力的挖掘方法：一是链接资源，让你认识的大咖和专业人士推荐或宣传，因为他们了解更多的人和资源，所以他们的推荐和宣传有一定影响力。二是借助资源。寻找网红、大V进行合作，参加更多的论坛和沙龙，了解更多的人。三是扩大影响。在社交网络上发布信息，以便更多的人能看到。使用所有可用的社交网络发布信息。

（5）人才信息库：企业的内外部人才库

建立人才信息库主要有两个来源：一是内部人才库。它来源于现有员工关系、在职推荐、离职员工回访等渠道，可通过给予员工推荐奖、博乐奖等方式逐步形成本企业的人才供应链。二是外部人

才库。在大多数情况下，当企业内部人才得不到满足时，就会从外部招聘人才，形成外部人才库。

3.HR内部招聘渠道与招聘方式

企业内部招聘因招聘成本低，可鼓舞员工士气且可使企业教育培训投资得到回报，而受到许多企业的青睐。HR通过内部渠道进行招聘可通过以下途径。

（1）HR企业内部招聘的途径

一是公开招聘。面向全体员工，有利于为积极上进、希望全面发展的有志员工提供发展平台，同时也有利于宣扬企业重视人才的企业文化。操作难点是应重视公正、公开、公平等要求。

二是内部选拔。面向部分员工，有利于企业提拔已经培养成熟的人员，使员工感受企业的关怀，更重要的是体现绩效考核的力量。操作难点是提拔的要确保是工作努力，为企业做出贡献且有志

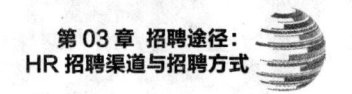

于为企业奉献的员工。

三是横向调动、岗位轮换。面向部分员工，有利于培养员工适应多个岗位，是培养管理人员的一个渠道，同时有利于员工减轻对现有岗位的疲倦感。操作难点是：需明确是否建立了岗位互换机制，调动和轮换的岗位是否具有相似性，减少员工适应岗位的时间和企业投资成本。

四是招聘离职的员工。此途径有利于激励员工更加努力地为企业工作，但会产生间接激励员工辞职的副作用。

（2）HR企业内部招聘的方法

一是建立信息库。这是HR经过日积月累完成的，应包括人员基本信息、教育培训信息、奖惩信息等。

二是搜索应聘者。HR应搜索能够胜任岗位的应聘者。

三是根据招聘的岗位性质发布招聘信息，展示企业空缺职位，邀请符合条件的人员申请。

四是管理层指定或者通过笔试、面试选拔人才。

4.HR 外部招聘渠道与招聘方式

外部招聘即通过媒体或招聘广告来发布招聘信息，从企业外部寻找合适的人选，给企业带来新鲜血液和创造力。通过外部渠道招聘，HR 可以采取以下途径和方法。

（1）HR 企业外部招聘的途径

当前外部招聘的主流途径是通过在线招聘网站进行简历的筛选和招聘，此外还有校园招聘、人才招聘会以及猎头招聘途径。上述三种招聘途径是除了招聘网站之外主要的几种外部招聘途径，从效果上来说基本上得到了 HR 的认可。

对于中高级人才，则需要更多地通过猎头或推荐招聘的渠道进行招聘，而对于一些初级职位，则主要是通过校园招聘和人才市场进行招聘。HR 可以根据招聘组的人才结构和岗位需求进行选择。

（2）HR 企业外部招聘的方法

目前来看，大多数企业招聘是外部招聘，但外部招聘的方法到底有哪些？哪些方法适合你的企业呢？这是 HR 需要了解的。

一是跟当地的人才网合作，注册然后进去发布招聘信息，供应聘者参考。

二是参加一些人才招聘会和洽谈会，寻求招聘机会。

三是在报纸、网络等渠道发布招募广告。要注意媒体选择和广告设计两个因素。

四是组织一些具有特色的招募活动来吸引应聘者，如电视招聘节目、电话热线、主题活动日等。

五是企业主动到校园和社会某个地方去展开招聘会，选拔合适的岗位人才。

六是通过各类职介所、劳动就业服务中心、人才交流中心、再就业服务中心、猎头企业等选人，还可以通过劳务派遣企业员工到企业工作。

第 04 章

简历真相：HR 是这样筛选简历的

简历是对应聘者个人教育背景、工作经历、知识技能、爱好等相关情况的简要总结。通常，口碑良好、有知名度的企业在发布招聘信息后会收到大量简历。HR 经常面临职位多、招聘周期短、简历多的情况，而"剖析"简历是整个简历筛选过程中最重要也最耗时的环节，是招聘的第一个关键步骤。HR 能否在短时间内有效筛选出合格的简历，对招聘保证有效性起着重要的作用。这就需要 HR 善于筛选简历，在节省时间的同时为企业找到合适的人才。

1.HR 筛选简历时要考虑的事情

人才是注入企业的新鲜血液，是推动企业发展的主要源动力，一个新员工的引进，会影响到整个团队的士气和活力。所以，HR 如何快、准、狠地筛选简历，是尤为重要和关键的一步。那么，一个善于筛选简历的 HR，在看简历时首先会考虑哪些事情？

（1）通过结构、内容和逻辑性获得整体印象

HR 通过阅读简历会留下一个整体的印象，并把不值得信任和不感兴趣的地方都标出来，然后在面试时询问应聘者。影响整体印象的因素主要有简历的结构、内容和逻辑性。

简历的结构在很大程度上反映了应聘者的组织能力和沟通能力。简历结构合理简洁，一般不超过两页。有的应聘者为了强调自己最近的工作，在填写教育和工作经历时按逆向时间来排序，这样"最近的工作"就被突显出来。同时这样的格式更能让人容易理解。看到这样的简历，HR 好的第一印象开始出现。

简历内容可分为主观内容和客观内容两部分。主观内容主要

包括对申请人的描述，如"我乐观、勤奋、好奇"等。客观内容主要分为个人信息（姓名、性别、国籍、年龄、学历等）、教育经历（学校经历、培训经历等）、工作经历（工作单位、起止时间、工作内容、参与项目名称等）和个人表现（包括学校和单位的各种奖励等）四个方面内容。HR在筛选简历时，都特别关注客观的内容。

从工作经验和个人表现来看，HR会注重简历描述是否有条理和逻辑性。比如，简历描述应聘者的工作经历时，会列出一些著名单位和一些高级职位，但这个人申请的只是一个普通的职位，这很容易引起HR的注意。再如，有的简历说他在很多领域都取得了很多成绩，也获得了很多证书，但HR从该员工工作经验分析，发现他很难有这样的条件和机会，这样的简历也会引起HR的注意。如果HR认定了简历中有虚假成分，就会直接淘汰应聘者。

（2）判断是否符合岗位技术要求和经验要求

简历的客观内容与岗位技术和经验要求关系最大，所以HR会特别关注这个部分。在客观内容上，HR首先关注的是个人信息和教育经历，判断应聘者的专业资格和经历是否与空缺职位有关，是否符合空缺职位的要求。如果不符合要求，就不会再浏览其他内容，直接淘汰。比如，在教育体验中要特别注意应聘者是否使用了一些模糊的词语，或没有注明大学教育的起止时间和类别，混淆大

专和本科的区别等,这些都会引起 HR 的注意。

2.HR 是这样筛选简历的

筛选简历的过程应该先筛后选,那么该如何进行呢?其实,简历中的内容介绍和硬性指标是两项重要的参考,它们可以帮助 HR 做出快速而正确的选择。

(1)简历的内容介绍是否全面

一般来说,一份完整的简历应包括以下内容:个人基本情况(姓名、性别、年龄、出生年月、民族、籍贯、最高学历、婚姻状况、证件照等)、个人联系方式(手机号码、QQ 号码、邮箱地址等)、教育背景及培训经历(高中到最高学历期间的毕业学校名称、主修和辅修专业及成绩、各类资格证书及等级证书、社团工作及实习经历)、相关工作经历(在职时间、企业名称、岗位名称、工作职责、工作业绩、离职原因、薪资待遇、证明人信息等)、个人荣誉及个人成果(荣誉证书、学术或者技能成果等)、工作技能及个人爱好(与工作相关的技能与特长、个人业余爱好)、求职意向

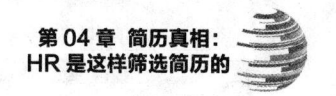

（有意向工作的地区、行业、有意向的岗位等）、其他相关说明（备注栏信息、求职信、生活照等）。

如果一份简历中完整呈现这些内容，没有遗漏事项，那么这就是一份合格的简历，就可以留下来。如果各项内容及其子项内容不够全面，尤其是一些重要信息有漏填，则予以剔除。

（2）简历的硬性指标是否合格

硬性指标是指招聘岗位的《招聘需求表》或者《岗位说明书》中确定的任职资格和能力要求。这些硬性指标常包括：对个人基本信息的要求（如年龄、性别等。例如前台岗位人员一般要求为女性）、对教育背景的要求（如最高学历、所学专业等相关要求。有些岗位对技术和专业要求较高，如法务岗位常规要求法学相关专业本科以上学历）、对工作经历相关要求（主要是对工作年限及管理年限的要求，比如管理岗位常规要求要有相关岗位工作经验，持有专业资格证书等）。

快速搜索简历中这些硬指标的具体流程是：HR 在逐条阅读简历时，应牢记上述基本信息，先选择要浏览的重要信息，查看硬指标，然后根据硬指标进行组合过滤。例如，前台职位的要求是女性，18 周岁至 32 周岁，且有 1 年以上相关工作经验，HR 会根据这些要求进行筛选，然后依次过滤。如果不合适，就可以淘汰。

3.HR 如何审核筛选后的简历

HR 通过硬指标淘汰后对简历的留下还需要进一步审核。审核的简历可以分为三类：对于非常匹配的简历可以安排应聘者尽快面试；对于相对匹配的简历，可以等非常匹配的简历的人面试结果为都不合适时考虑；不匹配的简历可以保留或删除。接下来，让我们看看 HR 如何审查、筛选留下的简历。

（1）对基本条件的审核与选择

基本条件包括姓名、性别、年龄、学历、居住地、培训经历和联系方式。姓名可以大致反映申请人的家庭文化水平。有些人会用英文名或×××先生（女士）来表示，意味着应聘者简历内容可能有水分。性别方面需要考虑企业现有团队的性别结构和企业的用人要求。HR 应尽量选择与现有队伍需求年龄相仿的应聘者，以便于工作中的沟通。一般来说，对 40 岁以上的中层管理人员，HR 需要仔细考虑他（她）的发展潜力。在学历方面，HR 要以研究应聘者毕业院校和毕业时间为重点，国内重点大学和国外著名大学的应聘者可以优先录取。但如果企业的声誉和待遇一般，建议尽量少用或不用，避免员工被过度使用或频繁离职。居所方面，HR 需要了解

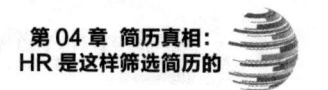

应聘者所在社区的地理位置与企业的距离，综合考虑其上班的便利性。在培训方面，那些经常参加内外部培训的人通常都会有很强的学习和自强意识，HR要关注他（她）的培训课程是否与相应的工作内容有关。联系方式主要是填写手机号码和邮箱地址，看是否填写完整，这可以从侧面反映应聘者求职意向的细致程度和强烈程度。

（2）对工作稳定性的审核与选择

一般来说，除了不可抗拒因素（例如企业倒闭或者外迁异地等）外，HR判断应聘者的工作稳定性，主要看过往的工作时间是否长久。在一家企业工作两年以上可视为正常，3年至5年可视为稳定。

考察员工稳定性时可以分为这样几种情况：一是开始不稳定，现在稳定。比如说，第一项工作已经做了一年，第二项工作已经做了三年，这样的情况HR应该好好评估。因为大多数应聘者在就业之初没有明确的职业规划，他们会在两年内跳槽，然后逐渐找到自己的发展方向，工作这时才能趋于稳定。二是开始稳定，最近一直不稳定。也就是刚开始做一两份工作已经很长时间了，但最近不稳定。这种情况也需要HR仔细考虑和处理。因为这种情况可能是对企业文化的不适应或企业的原因，如企业破产或拖欠工资等。在这种情况下，HR可以在面试中记录询问并具体原因。三是一直稳定。也就是说，

在同一家企业工作三年以上，这样的应聘者就是稳定的。

（3）对离职原因的审核

一般来说，离职原因主要有协议解除、被企业解雇或裁员、家庭或个人原因、转为自主创业等几大类。偶尔有两次离职原因相同还可以理解，如果是同一原因导致辞职那么就有问题了。例如，经常是为了家庭、个人原因离职，那么是不是可以认为对工作不够重视，考虑自我太多？自主创业失败再寻求就业，需考虑应聘者创业时是否考虑不够周全，过于冲动？会不会今后还有创业的想法等？

（4）对工作经验的审核与选择

工作经验主要指的是工作过的行业、应聘者以往的岗位、工作职责及工作业绩等：

过往工作行业：第一，应聘者过往工作行业最好与本企业所处的行业相同或相似，尤其是竞争对手企业的人员，一旦开始工作，进入工作状态会更快，但有必要考虑应聘者是否有竞争限制。第二，应聘者以往工作过的企业如有民营企业、外资企业、上市企业、国有企业等，应考虑这些企业的企业文化是否与本企业的匹配。第三，如果应聘者一直在同一行业或类似行业工作，那么他（她）的职业生涯规划会更好。如果几个职位跨行业跳槽，那么应

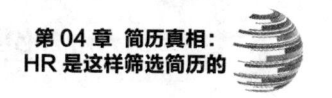

聘者的职业规划和自我定位就说明很模糊。

应聘者的岗位及工作职责的考察：第一，应聘者在原企业是否有晋升。第二，前一个职位是否与现在申请的职位相似。第三，原岗位职责与现在应聘的岗位职责的关联性。在这三点上，HR可能考虑各有侧重，因此需要根据具体情况加以区别对待。

应聘者的工作业绩：HR需要注意应聘者的过往工作和工作业绩描述，以及查看简历中是否有明确的工作业绩表现，例如销售人员的具体销售额数据、程序工程师自主开发的软件数量等。

（5）对发展潜力的审核与选择

HR要全面评估和分析应聘者的职称和岗位职责方面的发展情况，看其是否在上升，以审视其发展潜力。一些应聘者在相同的岗位上工作了10年以上都没有任何变化，那么这种应聘者只适合基础类岗位。如果本企业恰巧有这个空缺，可以考虑，否则就应该淘汰掉。

（6）对待遇要求的审核与选择

HR在审查应聘者待遇要求时会遇到两种情况，需要详细分析：第一种情况是，如果待遇要求超过职位工资的50%甚至翻倍，应考虑应聘者的动机，可能是个人价值观的问题，也可能是其具有投机侥幸心理。第二种情况与第一种情况正好相反。应聘者的待遇要求

大大降低，这基本可以说明他（她）缺乏自信或有其他隐情，或者他（她）个人在价值判断上有问题，或是在招聘淡季因就业压力急于找工作而如此。这种待遇要求大大降低的应聘者，可能会后期因为的待遇原因而离职，所以 HR 应该慎重选用。

4.HR 挑选简历的六个标准

电影《天下无贼》里有句话说"21 世纪最缺的是人才"，人才确实哪个企业都梦寐以求，但人才怎么招选？当简历如潮涌来时，HR 如何施展伯乐的慧眼，从中找到企业所需要的人才？标准是不可或缺的，有了标准才有依据，才能从数份简历中挑选出合格的人才。

（1）简历内容，诚信为要

诚信是无价的，是否有诚信是选人的首要条件。有的应聘者称自己是学生组织的领导者，也有应聘者声称自己在毕业前已经获得了雅虎杨致远或比尔·盖茨的能力，并声称如果"贵企业"能用自己，自己必将"大展宏图"。面对这种不诚实夸大自己的应聘者，

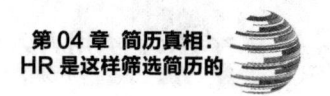

HR 的本能反应是把简历扔进纸篓里。

（2）没必要写长简历和加附件

HR 通常会在每份简历上花一分多钟的时间，这个时间会阅读一页半的材料。如果简历一页半内没有"干货"材料，没有突出重点，那么机会可能很渺茫。事实上，很多 HR 一看到需要仔细阅读的纸稿就头大，当他们收到一份又厚又重的简历时，他们就很想把它扔进纸篓里。

有的应聘者在简历后会附上复印的毕业证书文件等一大堆证明材料，这种做法其实未必会增加录取机会，但也不一定有负面影响，不过这些一般在初试通过后单位才会要求提供。HR 一般首先看工作经验这一项，其次看个人评价和所获荣誉证书等，简历后面附上的东西一般都不会去看的。

（3）简历的个人信息很重要

前面讲过结构、内容和逻辑性是影响简历给人整体印象的主要因素，而其中的内容则为重中之重，尤其是客观内容即个人信息这一项，HR 都特别关注个人信息。很多应聘者填写这些内容时在简历上列出了自己的学习课程，其实只有少数的 HR 会仔细阅读。一般情况下，可以将课程一一列出，但必须是重要的课程，并且不要超过一行。

（4）硬性指标必须要过硬

HR对硬性指标格外关注，第一次筛选和此后的审核都会将硬性指标作为重点关注项。以查看频繁程度从高到低为序，HR关注的硬性指标是：①专业背景（不仅包含工作经历中的行业属性，也包含教育背景中的专业和科系）；②大学毕业院校；③户口；④英语等证书；⑤在校成绩。这些标准内容应聘者不一定在简历中特别注明，但相关的信息一定要全。事实上，因硬性指标过硬而被录用，是大概率事件。

（5）用数据描述工作经验

HR如果发现应聘者简历中有与自己企业用人要求比较匹配的工作经验，下一步会看看该应聘者以前的表现，以便进一步印证这个工作经验信息的真实性和与本岗位匹配度。在此也提醒应聘者，在描述以往工作表现的内容时，必须清楚，多借数据说话，最好能让HR一眼就看到你的成功案例。

（6）简历表达好，录取概率大

每天翻阅无数的简历，HR早就对简历产生厌烦的心理，假设应聘者的简历表达让人看着简单、大方，对优势表述也是有条有理，一眼就看到应聘者的优势，相信HR会瞬间了解应聘者，更加认为应聘者是条理清晰，有逻辑思维能力的人。简历中的表达符合

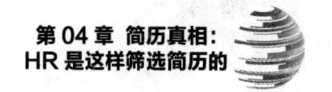

要求，HR会非常喜欢的。相反，简历表达不简洁，用词过于情绪化，英语表达不规范，没有重点，格式不规范等，HR对应聘者的印象会瞬间变得索然无趣。如果应聘者通过认真修改清除了这些问题，那么HR会很喜欢，应聘者也可以增加被录取的机会。所以简历的表达是非常重要的，反映了应聘者的一种能力。

第 05 章

面试技巧：HR 面试选人要当好伯乐

对企业来说，HR 在面试中能否准确地把握选人用人的标准至关重要，将合适的人才引进和安排到合适的岗位上去，才能给企业提供人才价值。在面试过程中，怎样才能斩获"千里马"，关键要看 HR 这个"伯乐"称不称职。HR 要想成功面试，需要从应聘者的相关工作经验及执行力、企业用人标准等多方面来测评应聘者的求职动机、自我意识和性格特质等。

1. 注重相关工作经验，岗位经验很重要

应聘岗位相关工作经验直接关系着应聘者来企业后是否能直接担任这份工作，特别是对于急缺岗位而言，更需要一个能直接上手的应聘者。所以，在面试当中，HR往往特别注意应聘者的相关工作经验。

（1）HR为什么特别看重相关工作经验

在面试过程中，其实HR看重相关工作经验是有自己的道理的：首先，不排除有些应聘者对自己的职业有非常清晰的目标和规划，确实有一定的与应聘岗位高度相关的工作经验，并且有些特殊的工作岗位需要有经验的人员担当，如果招聘到有经验的人员，会省去很多时间和成本。HR如果通过这一点能把这类应聘者快速筛选出来，肯定特别开心。

其次，如果应聘者其他方面都比较符合企业的用人要求，并且在面试过程中确实给HR留下了很好的印象，那么，即使没有工作经验，HR也可以考虑后期让别人带着（她）他完成工作。虽然这

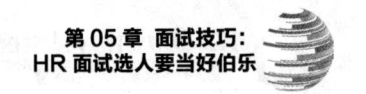

样企业会付出一定的成本，如培训等，但对于其他方面都很优秀的应聘者来说，HR一般是不会放弃的。

最后，对于没有特别相关经验的应聘者，HR也想通过这个问题判断一下他的应变能力，以及其他方面的能力。尤其是在校园招聘时看重的本来就不是经验，而是看重学习能力强，并且愿意学习的应聘者，这比其他条件都重要。作为一种考察的方式，HR可能也希望通过这个问题看到一些有技巧或者幽默的回答。

（2）面试时如何考察应聘者的工作经验是否符合岗位要求

在面试过程中，HR对工作经验这一项的考察，一般要查阅应聘者的个人简历或求职登记表，然后做一些相关的提问。在提问环节，询问应聘者有关背景及过去工作的情况，了解其工作经历与实践经验，以补充、证实其所具有的实践经验，同时还可以考察应聘者的责任感、主动性、思维力、口头表达能力及遇事的理性解决状况等。

至于如何辨别工作经验的真伪，其实很简单，HR在与应聘者交流的过程中就能知道真假。因为只有真实经历过的人，才能说出自己的切身体验，而且HR自己也应该有过那种经历，对于应聘者所描述的感受也能通过自身的感受加以分辨。此外，也可以通过应聘者的其他方面一探虚实。比如，应聘者几乎一字不差地复述出了简历内容，阐述工作经历被打断之后忘记讲到哪里，详细讨论简历内容时含糊其

词、躲躲闪闪，交叉询问时应聘者的回答前后矛盾，肢体语言不自然等。如果应聘者有这些表现，HR 就会认为他（她）在撒谎。

对于应届毕业生，HR 应该正确对待他们的工作经验。事实上，许多毕业生没有实践经验，但他们富有理论知识。理论知识与实践经验不是对立的，而是统一的。应届毕业生掌握了很多的理论知识，一经实践，其发展将是快速的，而没有理论知识的人在实践中往往进展缓慢。一张白纸可以画出最新最美的图片，另一张充满经验的纸则可塑的空间非常有限。没有实践经验的年轻人充满了发展的激情和渴望，这些是工作中新的积极因素，而有一些经验的人往往也很圆滑。因此，HR 应该从发展的角度来看待年轻人的理论知识与尚未具备的实践经验的问题，应该敞开胸怀将人才揽在身边。

2. 比例协调，不要歧视女性

现实中，很多企业认为女性员工会因生育等原因耽误一段工作时间，所以干脆不招聘女性员工，或者因为特殊工作需要不招聘男性员工。事实上，一个企业能否长久发展下去，关键还要看男女比例是否协调。男女各有优点，这本是大自然互补的关系；而且在政策的要求下，任何招聘都不能强调性别及限制性要求，这是硬性规定。所以，选人用人都应该做到不歧视女性应聘者，而应该做到比例协调，阴阳调和。

（1）性别歧视分析与职场女性的优势

企业招聘中有性别歧视现象，一方面缘于企业的刻板印象甚至偏见。比如大多数私企企业领导者和股东都要看业绩、看利润、看ROI、看单人工效。如果一个人无法达到与自己薪资相匹配的价值，就会被企业淘汰。另一方面是政府监督机制不完善，尤其是法律层面的某些缺失，这大概是最主要的原因。有专家指出，在《劳动法》《劳动合同法》《妇女权益保障法》《残疾人保障法》《就业促进法》等法律中都有关于劳动者平等就业权利的规定，但由于规定过于分散、过于原则化，导致现行的《反就业歧视法》中有些规定不能很好地适应社会发展的需要。

令人欣慰的是，我国相关法律法规正在逐步完善，企业也在朝着对女性员工人性化管理的方向发展，比如遇上妇女节、母亲节，一般企业都会照顾女性，甚至有些企业每个月都会有女性生理期的假期。此外，国家对妇女生育给予一定补贴，企业招聘中的"性别

歧视"现象正在逐渐淡出人们的视野。

从职场女性的实际情况来看,她们也有很多天然的优势。例如,女性的同情心使她们在企业管理和团队工作中更具优势;女性更愿意"倾听",能够更有效地解决问题;女性更顽强、更稳定,这往往是企业稳定发展的支柱;生育过的女性更具包容性,有助于团队稳定;生育过的女性在生活中更有经验和洞察力等。事实上,正是具有这些优势,让越来越多的女性在职场中脱颖而出。

(2)不同性别适合不同的工作

HR在"性别歧视"问题上通常有自己的看法和做法。总的来说,HR普遍认同"合适的人用到合适的岗位"的观点。事实上,在HR看来,愿意雇用男性员工并不意味着男性一定比女性优秀,但不同性别的特点决定了男性和女性适合不同的工作。男性比较理性,逻辑性强,体力强于女性,而女性在工作上比较细致,感知力强,形象记忆好,善于表达和沟通。因此,对于一些服务业、公共关系、会计、文员等行业来说,大部分HR招聘的是女性;而在一些对体力和工作强度要求较高的岗位上男性则占多数。当女性因特殊原因不能胜任工作时,HR将重新考虑该职位的人员安排。

总的来说,HR对待女性,关注的不是"性别"问题而是"胜任"问题。HR在面试中最关心的问题是:应聘者有能力胜任这份工作吗?也就是说,无论女性不注重职业或主动放弃,还是女性的

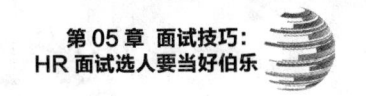

天然属性或是思维差异，其实 HR 最担心的在意是"工作能否达到预期结果"这个核心问题。

3. 合理分配不同年龄段应聘者

企业的人员不管是年轻还是年长，用好这支队伍才是关键。如果企业既有年轻人，又有年长者，二者相互协调才能让这支队伍发挥出最大能量。因此，HR 选人时，应该将不同年龄段的应聘者进行合理分配。

（1）企业招人的年龄限制问题

年龄要求在招聘中无处不在，几乎每个职位的招聘条件都有年龄限制。其实，用人单位根据岗位需要限制应聘者的年龄是合理的，但未必每一个职位都限制年龄。例如，一家企业的职位描述是，销售经理 25 岁至 35 岁，销售代表 20 岁至 30 岁，维修经理 25 岁至 35 岁，维修技师 20 岁至 30 岁，安装技师 20 岁至 30 岁。35 岁就算老了吗？这样的年龄设定与其说是为了满足工作要求，不如说是为了阻止一些候选人参选。年龄上的"一刀切"很可能会把优

秀的人才拒之门外。

事实上，招聘年龄限制只是表面现象，其实它隐含着一些"潜台词"，比如，用人单位对应聘者提出了外表、身体状况、生活状态、工作经历、生活经历等方面的要求，还有的用人单位有一些不清楚或不方便直接发表的原因等。"潜台词"才是导致"年龄限制"的根本原因。

（2）HR如何对待年龄限制问题

在HR看来，职位的年龄要求是一个相对模糊的概念，所以他们在招聘时并不是完全受年龄的限制，主要还是看工作经验，只有工作经验多才行。如果应聘者只比要求年轻一两岁，仍然可以大胆地申请，HR也会一视同仁，予以重视。

事实上，不同的年龄段有不同年龄段的优缺点。年轻人有活力，有创新精神，思维活跃，但是不够稳重。年长者稳重，做事踏实，有经验，但是思维不如年轻人活跃。因此，HR选人应该与职位人选适合的年龄段相互协调，这样才能既给企业带来新的创新精神，同时又有老员工坐镇把握大的方向。

4. 从穿着打扮和简历及员工登记表上看执行力

企业在选人用人时，执行力这一项至关重要，无论处于什么样的岗位上，执行力都直接决定着工作效率和团队效率。其实，HR在面试过程中，常常通过应聘者的穿着打扮和简历上的语言文字去看他（她）的执行力，比如执行力高的人往往衣着打扮干练，精神头比较好，简历书写也认真详细等，而执行力不高的人，则打扮稍显邋遢，简历书写得也不够认真仔细。

（1）从应聘者穿着打扮上看他的执行力

在面试过程中，第一印象往往最直接地来源于衣着打扮，整洁的穿着打扮体现了一个人的执行力，也反映了他（她）的自我管理能力，所以HR常常从这一点上来观察。另外，着装要符合企业及所申请职位的要求。不同专业、不同岗位应配以不同的打扮。例如艺术类的职位，HR考察应聘者的艺术气质，这时一身休闲、随意的打扮恰恰能起到意想不到的效果。

万达集团《员工守则》里明确写着"仪表不整者一律不准上

岗"。在万达集团，如果某员工上班时间没有穿正装，不但员工本人，连他的部门领导也会被扣钱。女员工的裙子要在膝盖以上，裙边距离膝盖不得多于10厘米。如果违规者要去食堂，就一定会被拦，想吃饭就得先去换衣服。

（2）从应聘者简历和员工登记表中看他（她）的执行力

应聘者面试时填写的员工登记表也是HR考察应聘者执行力的一个重要着眼点。在HR看来，现场填写的员工登记表字迹潦草，涂改超过3处，一般说明此应聘者执行时比较粗心；对未填写的空白处，如知情且无须保密内容出现两处以上未填写，可认为此应聘者求职态度较随意。面试时HR要求自带简历时照做的应聘者可能拥有更好的执行力；承诺自备简历而未带简历的人执行力不强；从纸张、排版、内容更新等纸质简历的准备上，也可以看出应聘者的态度和执行力。此外，如果简历中写明应聘者能将立即执行企业分配的任务，并能及时完成任务，说明申请人具备行动能力。

5. 按照关键标准选拔企业所需的人才

优秀的人才做优秀的事，在面试过程中 HR 要按照企业的关键标准，慧眼识珠，选出最适合企业的人才。

（1）企业人才招聘的基本标准与关键标准

人才标准一般分为基本标准和关键标准两类，基本标准是确定他（她）是否能做这项工作，关键标准是确定他（她）是否能做好这项工作。HR 只有制定了"能做"和"做好"这两个标准，才能据此找到企业所需的合格的人才。

基本标准是指应聘者所申请职位的最基本要求，主要从三个方面来界定：一是应聘者技能与岗位职责的匹配，即应聘者需要具备学历、专业、经验等基本技能，这是做好工作的前提。二是应聘者个性与岗位特征的匹配。要求应聘者是一个积极乐观、有合作能力、与团队有互补性的人。三是应聘者价值观与企业价值观的匹配。HR 有必要向应聘者说明企业的企业文化的特点，提倡什么，反对什么，这样可以增强应聘者入职后的稳定性。

关键标准决定着应聘者能否做好本职工作，主要从两个方面来界定：一是关键胜任特性。HR早已熟知应聘者申请岗位的关键能力，比如面试设计师时，技术水平、逻辑思维能力和创新能力就是他的核心能力。面试过程中就要根据岗位的要求进行选人。二是权重设计。突出一个职位最重要的能力，每个能力的重要性往往是不同的，所以为每个能力设置一定的权重会使选拔结果更加合理。

（2）为企业找到能够"做好"工作的人

能够"做好"工作的关键标准，无疑是企业选择所需的人才的重要标准，HR就是要努力找到这样的人。在具体的面试过程中，HR可以从多方面来考察应聘者符不符合企业的关键标准。比如，立场是否坚定，对抱怨的态度，能否把抱怨转化成意见，能否把知识转化为技能，是否善于总结归纳等。

值得强调的是，虽然高学历意味着有学识，但如果专业不对口就不一定能做好当前的工作，所以HR不应该让学历及专业限制了人才的选拔，应根据企业目前的情况招聘适合的人才；因为高学历的人才不一定能留下来，专业对口的人才也不一定适合本行业。

6. 面试提问：精准提问＋深度追问＋直觉验证

想在面试中提高甄选的人才的成功率，HR问对问题是关键。这里给大家分享面试提问最有效的方法，运用这些方法进行把控，选人的精准率会大大提升。

（1）精准提问：OBER法则＋行为类提问＋场景类提问

精准提问关键是观察应聘者的经验、技能、知识、素质、能力、动机、价值观等，并结合结构化的提问技巧，对应聘者精准发问。具体方法如下：

一是OBER法则。OBER是Open（开放）、Behanior（行为）、Easy（简单）、Relevant（相关）四个英文单词的首字母组合。"开放"就是多问开放式问题，少问封闭式问题；"行为"就是多问行为事例，少问内心想法；"简单"就是问题要尽量简洁，确保容易理解；"相关"就是问的问题要和所考察的素质项高度相关。

二是行为类提问的问题中需包含你、例子、场景这三个要素：问题直击应聘者自身用"你"来强调；问出应聘者过去的行为表现，

用"例子"来导入；询问什么情况下的例子用"场景"来把握方向。

三是场景类提问需要四个维度的设计：最优情景，过去给所工作过的企业带来价值最高的一件事是什么？极端情景，介绍一个应聘者与上级或同事出现最激烈的冲突或意见不一致的案例。逆向情景，介绍一个一开始做得不好，其他人都放弃了，但是应聘者经过努力最后成功的案例。困难情景，过去哪一段经历让应聘者感到最艰难，应聘者是怎么面对与克服的。

（2）深度追问：STAR追问法的追问重点

STAR追问法是结构化的追问技术，可以形象地称之为剥洋葱技巧。STAR就是Situation（情景）、Task（任务）、Action（行动）、Result（结果）四个英文单词的首字母组合。情景指应聘者过去的工作或生活所处的背景、环境；任务指在事件中所承担的具体工作内容或角色；行动指完成工作任务本人所做出的具体行动；结果指完成工作任务后得到的最后结果或产生的影响。

在面试中运用STAR追问法进行深度追问时，需要从行为事例出发，关注应聘者的行为而非他（她）的意愿、计划或决心。例如，针对这个问题，你是怎么做的？在提升部门绩效方面，你是怎么做的？请举例说明，你与上级意见不一致时，你是怎么做的？等等。

最关键也是最重要的，是我们招聘的目的是选择做事能够做得好的应聘者。例如，可以提问：举例说明在产品研发方面，你主导的并且取得最大成就的是什么项目？你在销售方面做得最大的贡献是什么？举例说明你在提高招聘准确度方面的成功做法，等等。

（3）直觉验证：通过10问验证直觉

所谓直觉验证，就是当HR面试完候选人之后，心里面可能还是比较纠结，这个人究竟是可以录用还是不能录用？此时可以通过直觉10问，来帮助快速判断。

这10问是：在直觉上，我能相信应聘者说的话吗？把重要的任务交给这位应聘者去办，我能放心吗？此应聘者如果没有在优秀企业的光鲜经历，我还会选择他（她）吗？如果有更多的应聘者，我现在是否会选择他（她）？此应聘者至少比我们现在团队较差的20%的人优秀吗？此应聘者如果应聘我们竞争对手企业，对我们有影响吗？我能从此应聘者这里学到我现在不足的能力吗？此应聘者在未来能否达到企业的晋升标准？如果其他面试官不同意，我还会用他（她）吗？如果我不用（她）他，我会后悔吗？

每题1分，10分就可以直接决策了；5分以下就没必要犹豫了。对一些无法快速做出让其去留决策的试用期员工，可以再问两个问题：如果这个时候让你再做一次当初的聘用选择，你还会聘用

他（她）吗？如果这个人这时候对你说他（她）要辞职，你会非常想挽留他（她）吗？如果这两个问题回答是，则其可以成为正式员工。如果都是否，立即就放弃。如果一是一否，HR就补问自己一个问题：我想挽留的是这个人还是我在他（她）身上投入的成本？

第06章

科学招聘：HR 选人之招聘流程五步骤

　　HR 在选人过程中，少不了在招聘流程的设计上花心思，以使招聘更为高效。招聘流程如何设计？HR 需要知道"明确岗位任职资格、测试应聘者任职能力、测试应聘者、检验选聘结果、调整选聘方案"五个最关键的步骤。在实际操作过程中，应该结合企业自身的需求和条件，进行合理的调整。本章主要展示招聘过程，至于各个环节的具体操作则不做过多描述展开，因为它们在其他章节已有详尽阐述。

1. 步骤一：规定岗位技能，明确任职资格

HR 招聘的第一步是撰写工作说明书，确定职位的关键指标（KPI）。这一步需要规定岗位所需的个人技能，并明确岗位所需的任职资格。

（1）规定岗位技能

岗位技能是掌握和运用专门职业技术的能力。例如，产品经理应该具备的技能有市场调研的能力、需求分析的能力、产品设计的能力、团队管理的能力等。除了以上列举的这些"硬能力"之外，产品经理应具备的"软能力"也是 HR 要考量的内容，如沟通能力、执行能力、学习能力等。HR 对岗位所需的个人技能的规定，就是要根据产品经理的岗位要求，对应聘这个岗位的应聘者提出应该具备的相关个人技能。

（2）明确任职资格

任职资格是指任职者必须具备的知识、技能、能力和个性等方面的要求，包括学历、专业、工作经验、工作技能、能力等，以保证工作目标的实现。HR 在招聘前就要明确岗位所需的任职资格，在面试前应该把相关问题全都明确下来，这一条很重要，否则将导致招聘失败。只有明确岗位所需的任职资格，才能便于在招聘过程中以工作经历作为切入点来了解应聘者。

2. 步骤二：定义工作标准，测试任职能力

招聘流程中的第二步工作，一是定义执行工作的标准，二是测量应聘者的任职能力。

（1）定义工作标准

在招聘流程的第二步中，HR 需要定义成功执行工作的标准。成功执行工作的标准可以是与生产有关的标准，如数量、质量等；也可以是缺勤、服务期等方面的数据，或是主管的判断等。

（2）测量任职能力

定义工作标准，然后要选择并设计出能够测量任职能力的预测因子的测试方法。测量任职能力的不同预测因素如进取性、外向性和数字化能力等，需要不同的方法和工具。

不同的招聘方法对不同指标有不同的敏感性和有效性。鉴于此，HR经常结合多种工具来衡量不同的指标，最终形成一个完整的选聘方案。

3. 步骤三：利用测试工具，测试应聘人员

选聘方案确定后，接下来就是方案的实施。在实施过程中，HR要利用测试工具对应聘人员进行测试。

（1）利用测试工具

各种测试工具包括技能测试、智力测试、身体能力测试、成就（或经验）测试、性格测试、兴趣测试等。

例如，认知能力测试包括一般推理能力（智力）测试和特殊智力能力（如记忆和归纳推理）测试；运动能力测试包括协调性和敏捷性测试，而身体能力测试包括力量和耐力测试；个性和兴趣有时就被当作可能的预测因子，个性测试可以测量应聘者的内向性、稳定性、动机等个性的基本方面情况；成就测验可以对个人的学习能力进行测量等。

（2）测试应聘人员

一般来说，所有应聘人员应该在同样环境下、被同一组 HR 测试，而接受过专门训练的 HR 则可以显著地提高选聘的有效性，这是因为 HR 遵循最优化程序，从而使偏见和误差出现的可能性降到最低。

4. 步骤四：联系工作绩效，检验选聘结果

精心选聘的目的是希望能找到高绩效的员工。所以当员工进入企业或调任另一新岗位后，应持续追踪他（她）的绩效水平，并检验绩效的差距和选聘结果。

（1）联系绩效工作

确定测试分数与工作绩效之间的相关性可以使用期望图（Expectancy chart）这个工具。例如，对在装配线岗位工作的接受了斯特隆伯格敏捷性测试（Stromberg Dexterity Test）的装配线工人，可以统计出测试分数最高的人和测试分数最低的人，说明这个测试非常有效。

（2）检验选聘结果

检验选聘结果是对选聘数量、选聘质量、选聘时间的检验。要对选聘人数是否够了进行检验，对选聘质量是否合格进行检验，对选聘时间是否够快进行检验。

5. 步骤五：定期监测绩效，调整选聘方案

没有哪一项制度能够一成不变，作为HR应该定期根据绩效监测的记录验证和修改选聘方案，并作出调整，使企业的选聘的有效性持续提高。

（1）定期监测绩效

选聘绩效可以量化为"多快好省"四个字，定期监测就是对这些具体的选聘绩效指标的监测。"多"不是单纯地以招来的人的数量为标准。例如，工业、消费品、医药、地产、金融等行业每月有10~15个录用者；IT行业有时候多一些，可达到20个录用者。这就是每月人均招聘产出。当然这只是平均，实际的数字与企业规模和知名度、招聘岗位级别和类型、薪酬高低、招聘预算以及招聘人员

能力强弱等都有关系。"快"就是用招聘天数来衡量,招聘周期越短就说明招聘速度越快。"好"就是招进来的新员工质量,主要是通过能力绩效和试用期通过率、新员工业绩达标率、新员工绩效评估被评为优秀的比例等,都可以反映人才的能力和绩效。"省"就是人均招聘成本越低越省。

上述四个维度是互相平衡制约的,要招得"多快好"有时候就很难"省";要招得"快",有时候就很难保证一定"好"。因此在平衡的前提下,HR应根据业务的需求来决定如何做。

(2)调整选聘方案

选聘方案的调整是建立在招聘评估基础之上的。也就是说,选聘方案是否需要调整,要根据招聘评估的结果来决定。招聘评估主要从招聘各岗位人员到位情况、应聘人员满足岗位的需求情况、应聘录用率、招聘单位成本控制情况等方面进行评估。如果评估的结果不理想,就需要对选聘方案进行调整优化。具体的内容调整,要针对存在的问题来进行。

第 07 章

用人原则：比能力更重要的 11 种品格

　　企业用人，能力很重要，但比能力更重要的是人品。人品决定态度，态度决定行为，行为决定最后的结果。人品意义深远，没有人会愿意信任、重用一个人品欠佳的员工。本章将讨论的是比能力更重要的忠诚、敬业、主动、负责、效率、结果、沟通、合作、节约、感恩、学习等　种品格，它们是企业基业长青最为重要的软实力支撑，因此也是每位企业领导者和 HR 都应该重视的职业培训教育内容。

1. 忠诚：维护企业的利益

每位忠诚的员工都愿意维护企业的利益。维护企业的利益就是维护自己的利益。只有企业有了良好的效益，才能保障每个人的地位和收入。

（1）维护企业就是维护自己

企业领导者只会喜欢那些真正忠于企业的员工。真正有前途的员工，也是真正把企业当成自己企业的人。如果你是一名高级职员，你就必须把企业的利益放在第一位，切不可因为个人贪婪而出卖企业的利益和自己的灵魂。事实上，像通用电气（GE）的杰克·韦尔奇这样的国内外知名高管都在为企业努力工作，他们知道只有当企业盈利增加时，他们自己的利益才会增加。

为了维护企业的利益，我们不能只关注自己的收入，而忽视个人和企业不能分离的事实。真正的高层次员工，其忠诚应该体现在对企业利益的整体考虑上，这种高层次的员工的忠诚是现代社会保持组织优势的根本。视自己为企业的主人，也是提高个人思维品

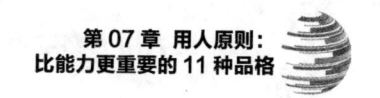

质、执行能力、职业声誉和个人品质的最快途径。

（2）最大限度地维护企业的利益

维护企业的利益，就是时刻牢记维护企业的利益，对任何损害企业利益的事情感到心疼，就好像损害了自己的利益一样。为了维护企业的利益，员工应该从实际行动出发，体现在具体的行为上。以下几点，应该是每一位真心维护企业利益的员工都应该做到的：

一是及时报告发现的问题。如果发现企业存在问题和隐患，就应该大胆地说出来，这才是企业的真正主人该做的，具有企业家的素质。

二是不要在工作时间做私事。公私分明是每位员工都必须遵守的职业纪律和道德规范，这就要求我们在工作时间不要做私事。否则，不仅会影响自己的工作，还会影响同事的工作。

三是不从企业"揩油"。"揩油"的行为反映了一个人的职业操守和道德水准的低下，也严重违背了维护企业利益的出发点。我们应该要求自己不占企业一点儿便宜，否则很可能一步步走向犯罪。

2. 敬业：对待工作具有奉献精神

很多企业在雇用员工时，首先要考察的就是这个人是否敬业。敬业是一种奉献，是一种高度的责任感，是一种平凡中的升华，是一种我们一生都应该遵循的职业道德。

（1）乐意为工作做出个人牺牲

敬业就是对待工作要有献身精神，愿意为工作做出个人牺牲，脚踏实地，认真负责，勤奋工作，持之以恒，力求完美。有些人只把工作当作谋生的手段，不愿意做出任何牺牲。企业要竞争，要生存，要发展。这样的人会让企业领导者觉得他（她）和企业不是在同一条船上，完全不能指望他（她），一旦企业想通过裁员提高效率，第一个被裁的人一定是他（她）。相反，如果是愿意为工作做出个人牺牲的员工，企业领导者会非常感谢他（她）的主动性，会把重任托付给他（她），他（她）的薪水和升迁也会自然而然领先于别人。因此，员工为工作做出个人牺牲是专业精神的完美体现，有这种精神的人在工作中往往为企业创造的价值就会越来越多，获得的回报也就越来越多。

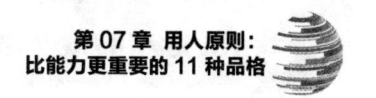

（2）敬业精神，还展现于细节中

敬业就是以认真的态度对待工作，认真的态度体现在注重细节上。"细节决定成败"不仅仅是一句口号，更是一种把握细节、关注细节的品质和能力的体现。一个真正敬业的人会主动做好细节工作，而不是在被提醒后才敷衍了事去应付。注重细节是一个人专业精神和责任感的具体表现，它不仅可以使我们避免可能出现的错误，而且可以使我们成为创新型人才，实现自己的价值。因此，要想有所作为，就必须注意工作的细节，养成良好的工作习惯。注重细节就是把小事做好，以审慎的态度对待工作中的小事，把细节落实到位，这样才会有更多收获。

3. 主动：从"要我做"到"我要做"

主动是一个人的一种自动自发的品格，自动自发就是从"要我做"到"我要做"，它比天才更重要，缺乏这种品格，天才也难成就大事业。

(1)"我要做"就是多去承担"分外事"

许多人都认为只要做好"分内事"就够了,岂不知这种思想是大大的错误!只有你愿意多做事,别人才会给你更多的机会,你才能学到更多的东西。对于那些有志于在职场中有所建树的人来说,不妨多去考虑承担一些"分外事",面对"分外"的工作时,不妨伸出手,并将其作为对自己的一种挑战、一种机遇和一个锻炼的机会。多做一些,会加速你的成功。每天多做一些,你的初衷也许不是为了获得更多的报酬,但结果往往是获得的更多。把"做分外事"当作人生成功的催化剂。多走一里路,交通才会不堵塞。把做分外事当作自己的乐趣,在做分外事中提高自己的能力。把"分外"事当作自己的事,你的水平就能获得极大的提高。总之,"我要做"使你的才华有展露的机会,培养你独当一面的能力,让晋升加薪的名单上有你。

(2)学会毛遂自荐,主动请缨一搏

"毛遂自荐"的故事告诉我们,一个人不应该总是等待别人的发现和推荐。只要我们有能力,我们不妨挺身而出,做出应有的贡献。在工作中,没有人推荐,但是我们可以尽量推荐自己,让自己承担更多的责任,这样才能更好地成长,更快地提高。人生最难得的,就是展翅一搏。而主动请缨就是你在职场的起飞点。主动请

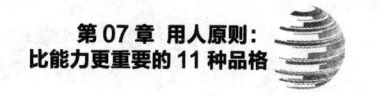

缨，主动担责，是职场人快速发展的秘诀。

自我推荐要注意方法和技巧。首先，要站在企业领导者的角度思考问题，主动解决问题。这样不仅能让你充分发挥自己的才华，还能让企业领导者高兴。其次，要坚持高标准，要求做一步，看三步，从而把工作做得比预期的要好。不妨为自己设定一个更高的目标，促使精力和智慧一并迸发出来。当然，主动也要拿捏好尺度。在工作场所，积极的工作热情是一种宝贵的精神，也是成功的必要条件。但这一举措也需要一个度。掌握"好度"是我们在职场中应该好好认真学习的一门必修课。

4. 负责：做好每一件事情

企业发展不缺乏有能力的人，每个企业真正缺的是负责的人，对一个企业来说，"负责是能力中的核心力量，而负责的核心则是责任"。几乎每一个优秀的企业都非常强调责任的重要性，"责任"是最基本的职业精神和商业精神。它可以让一个人在所有员工中脱颖而出。一个人的成功，与一个企业的成功一样，都缘于他们追求卓

越的精神和不断超越自身的努力,"责任胜于能力",没有做不好的工作,只有不负责任的人。责任承载着能力,一个充满责任感的人才有机会充分展现自己的能力。职场上有句话说"思想有多远,道路就有多远"。一个人的责任心和责任感有多强,他的工作就有多出色。

(1)信守承诺,负责到底

信守承诺是一条永恒不变的道德法则,评价一个人道德水准的高低,最重要的一点就是他是否守承诺、讲信用。人贵以信,职场上的信誉显得尤为可贵。对于职场上奋斗的每一个人来说,对上司、同事、顾客等信守承诺,是其在职场上取得成功的关键因素。较高的职业信誉度是员工在职场上的通行证。衡量一个人职业信誉度的最大标准就是他(她)是否对工作有责任心,责任心要求我们无论在什么样的工作岗位上,从事什么样的工作,首先都要做到对自己的工作负责,并且负责到底。选择一个职位,就意味着作出承诺,就应当对这个职位负责,信守承诺才能对得起这个职位的交托。

(2)不找借口,保证完成任务

当一个人开始为自己的错误寻找借口时,我们就有理由怀疑他(她)是否尽职尽责,因为一个负责任的人永远找不到借口为自己辩解。在工作场所,分配任务时不找任何理由逃避,工作中出现错误时

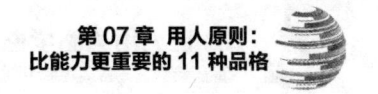

不为自己辩护。这样的人很能赢得企业领导者的好感。为自己找借口不是好主意。如果员工找借口，他（她）可能会暂时得到福利，但从长远来看，他（她）会付出比临时福利更多的代价。所以，与其找借口，不如把时间花在如何更好地完成任务上，为此要用积极的思想代替消极的思想，把责任放在自己身上，无条件服从上级的安排，尽最大努力完成任务。只有这样，才能在激烈的竞争中脱颖而出。

5. 效率：专注、量化、要事第一

工作高效对每一个企业都非常重要，对每个人来说也是必不可少的。事实上，企业看重的不是你做了什么，而是你做成了什么、做好了什么，也就是说，结果很重要。这种"做成""做好"的结果就是效率。高效的工作需要集中精力，量化日常工作，坚持"要事第一"的原则。这三方面至关重要。

（1）高效的工作需要专注

要做好工作，首先要把精力放在工作上，心无旁骛，专心致志。专注度越高，就越有可能在工作中取得成果，个人发展机会也

就越大。不管有多少事情，都应该一件一件地去做。做完一件事就了结一件事，然后把注意力转移到其他事情上，开始下一项工作。要想成为一个做事专注高效的人，就要做一行爱一行，专一行，一次只做一件事。当你学会集中精力、全神贯注、专心致志，你会发现自己离成功并不遥远，你会享受这个过程，并在这个过程中实现你的价值。

（2）分解目标，量化工作

"不积跬步，无以至千里；不积小流，无以成江海。"小目标的达成是实现大目标最强有力的支持。我们都知道，终极目标是由若干个短期目标组成的，短期目标是由每天一点一点逐步完成的，而每一天的工作又是由更小的量化单位组成的。所以，如果你懂得如何量化你的每日工作，那将是你迈向成功的重要一步。量化是对大目标的分解落实。工作中，懂得量化每一个里程目标是极其重要的。没有大到不能完成的梦想，也没有小到不值得设立的目标。只有朝着确立的目标一步步行动，才能有成功的希望。因此，在走向成功的过程中，不妨把一个大目标分成许多小目标，按照步骤每天依次完成，这样会做得更快、更好。

（3）遵循"要事第一"原则

高效的人是指那些对不重要的事情不关心，对重要的事情特别

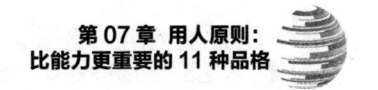

关心的人。如果一个人想把一件事做好,他(她)就不会把所有的事都做好。要遵循"要事第一"的原则,根据工作的轻重缓急、重要性程度等利用文件筐进行工作排序,将重要的紧急的事情放在首位,不重要不紧急的事情放在最后。这样,工作中重要的紧急的事情就不会被无限期拖延,工作也不再是一场永远赢不了的无休止的竞赛,而是一项可以带来巨大利润的活动。学会判断工作的重要性,可以做到"要事第一"。要有一个全面的中长期计划,进行科学的时间管理,并实时找出需要改进的地方。只有这样,才能在竞争激烈的社会中跑在别人的前面,创造出更多的财富和价值。

6. 结果:一开始就想怎样把事情做好

为了把工作做好,一开始就要好好考虑一下。只有知道如何做自己的工作,才能做好并完成工作。从一开始就思考如何完成每一件事,不仅能增强自信,还能锻炼思维能力。拥有这种能力将有助于员工赢得企业领导者的认可,抓住晋升的机会,距离成功更近一步。如果想在一开始就完成某件事,需要计划好自己的

工作过程,让情况从一开始就在自己的控制下发展,这样才能做到最好。

(1) 做好准备工作,主次区别对待

万事开头难。在工作开始时,工作人员特别是新手应该先收集足够的信息,考虑实施步骤和可能遇到的困难。这样,不仅可以在做事前有信心,还可以在遇到紧急情况时保持冷静,不至于乱了阵脚。要做好工作,区分主次关系也很重要。每一项工作都有最重要的环节和次要的环节,这就需要区别对待。对于工作中的困难,应该多加考虑;在面对困难时,要有克服困难的决心。只有当自己知道如何集中精力解决问题,才能把工作做得出色,才会得到企业领导的青睐。否则,无论多么努力也只能在原地踏步,没有晋升的希望。

(2) 工作要想有好结果,细节不容忽视

不要认为计划整件事就是把整件事做好。每一份工作,或大或小,或重或轻,都是由细节组成的。无论在理论上还是在实践中,细节都是最重要的,是取得良好效果的保证。检查可以注意到的细节,避免因不必要的疏忽而给企业造成损失。注重细节是每位员工在工作中的最基本任务。在做事的过程中,如果没有充分的把握,咨询他人也是解决问题的有效途径。

7. 沟通：学会沟通技巧，掌握沟通分寸

沟通，已经被提升为 21 世纪员工必须具有的一项重要能力。对于一个企业而言，没有顺畅的沟通，成员之间很难形成合力，企业也很难顺利地发展。因此，企业用人很看重一个人好不好沟通，不好沟通者，再有才也不用；好沟通者，哪怕才能不够，也可以让其边干边学，最终实现个人的价值。

（1）好的沟通需要技巧

无论是在生活中还是在工作中，沟通都是常态，一个人一天可能沟通几十到几百次。在沟通过程中，每个人的状态都不一样，优秀的人都是沟通专家，他们通过准确、快速、简洁的沟通方式，将有用的信息传递给上级、同事和下属，从而提高相互合作的有效性。

沟通的一个重要技巧是在开口之前做好准备。假如你是一个销售员，在向顾客销售你的产品之前，你必须十分熟悉自己销售的产品，对顾客的情况也应当了解。你在衣着、产品的有关资料、进行介绍的有关工具等方面必须做好充分的准备。

沟通不仅需要事先准备，还需要一项重要的技能，那就是倾听。倾听是一种思考，也是一种艺术有助于对信息的完全理解。花点时间练习注视别人的眼睛，思考别人的语言，观察他们的身体动作，你就会成为一个倾听的艺术家。

沟通技巧要不断改善，或者借助精彩的小故事，或者使用幽默的语言，都会让表达更加吸引别人的注意。例如讲故事，要能够将大道理中抽象的概念立体化，让听众从中领悟用意。

（2）掌握职场沟通的分寸

在职场中，沟通是一门学问，掌握适当方法才可以大大提高沟通效率，从而增强同事之间的默契，消除差距，促进团队的整体凝聚力。

对于刚进入职场的年轻人来说，应该充分认识到自己是团队中的新员工和后来者，而领导和同事都是职场的先行者。新员工与前辈交流时，应尽量采用间接、委婉、迂回的方式，尤其是当观点与其他人不同时。一方面，要充分考虑对方的地位和权威，充分尊重他人的意见；另一方面，也要勇于表达自己的想法，不要因为自己是新员工而羞于表达。

在不同的业务部门、不同的管理机制、不同的企业文化、不同的经营理念下，每个企业的沟通方式都会有所不同。此外，即使在企业内部，各部门之间的沟通方式也不尽相同。因此，对于新员工来说，要学会"察言观色"，注意团队同事之间的沟通方式、表达意见的方式等，尽快融入这个大群体。如果风格是开放的，那么你就要坦诚，不要退缩；如果人们倾向于间接沟通，你也应该采取委婉的方式。一句话总结，要与整体风格保持一致，不要搞特殊化，尽量采用大家习惯和认可的方式。

不管你的性格是内向还是外向，不管你是否喜欢与他人合作和沟通，如果你能在工作中经常与他人沟通，总比一个人闷头做事要好。尽管受不同企业文化影响的企业沟通方式可能会有所不同，但不可否认，善于与他人沟通和合作的员工总是受欢迎的。新员工要抓住机会，在适当场合积极地与领导和同事多交流思想，多表达意见和建议，以便尽早得到认可。

8. 合作：融入团队，不当团队的"短板"

作为一个职业人，在团队中千万不要因为自己的"短板"而影响了整个团队。否则，哪怕你再有能力，如果你影响了团队的工

作,企业领导者一定会请你离开。在团队合作中,必须克服自己的"短板",努力与团队保持齐头并进。

(1)不当团队的"短板"

管理上有一个"木桶规则",就是说一个水桶能装多少水取决于它的最短板。该规则的核心思想是,任何一个桶都由多个板组成,每个板可能有不同的长度。然而,水桶能装的水的实际容量完全取决于组成水桶的最短木板的长度。在这种情况下,关注的对象不再是最长的木板或桶的平均长度。将这一思想应用到企业的工作中,可以评估企业及其员工的整体素质和潜力。

在企业中,许多员工和部门构成了企业这个"木桶"。然而,决定一个企业整体质量和潜力,乃至最终发展前景的因素,是能力最低或较低部门的发展水平。作为一名员工,谁也不愿意成为集体中的"短板"。"短板"的存在不利于自身,不会得到任何回报,也影响其他员工的业绩,并且损害企业在客户眼中的良好形象。任何企业都不能容忍"短板"员工。企业会通过培训,不断提高所有员工的整体素质,力争消灭"短板"员工,一旦发现不求上进者,就会无情地将其淘汰。

"木桶理论"不仅适用于不同的人,也适用于同一个人。一个好的员工,在某些方面有过硬的能力,而在另外一些方面却很差。

这样，他的综合能力就会因为自身的不足大打折扣。如果不及时改善不足的一面，提高自己的能力，很可能就会给未来带来障碍，让好的一面也无法发挥。因此，要注意自己的弱点，努力成为一名综合能力强的人。

（2）加长"短板"，克服不足

加长"短板"、克服不足，首先要找到自己的短处。你可以给自己列个单子，例如执行力、思考力、领导力、沟通能力、学习能力等很多职业人必备的能力，然后给这些项目自己的情况一一打分。经过这样的过程，你就知道自己在哪些方面比较薄弱，就要着手改进。

当你知道自己的缺点时，可以开始拉长最短的那块"木板"。可以通过阅读、听讲座、培训等来提高自己。直到你发现你拉伸的"短板"变长，你才能获得新的提升。

除了加长"短板"，你还应该注意保持优势。这是你事业成功的一个重要因素。发挥你的优势，专注于你的核心技能，将使你保持领先。

9.节约：不要把企业的钱不当钱

节约不是抠门，而是一种美德。不要把企业的钱不当钱，企业领导者带领的企业"锅"里有钱，员工"碗"里才有钱；同样，"锅"里的多，"碗"里的自然也就多。而掌勺的，恰恰就是员工自己。为企业领导者节约，就等于为自己节约。节约，是一种生产力。有了节约，少了浪费，自然就省出一部分资源、能源，这实际上也就是在创造价值。

（1）节省下来的都是利润

对于企业来说，节约的都是利润。控制好成本，把本来需要支出的部分节省下来，实际上就等于赚到利润，同时这也成了一个新的利润点。所以，节约是企业员工必须掌握的一门技能，节约与否关系着企业的成败。

能否节约成本以及节约到什么程度，员工都有很大的决定权。当员工尽力完成每一项工作时，无论是启动一次机器还是提供一次服务，都能在降低成本方面发挥关键作用。

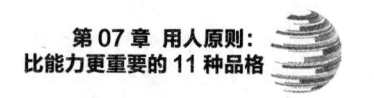

（2）不浪费企业的每一张纸

节约不仅是管理者的事，也是每位员工的共同责任。每位员工都应该把自己当成企业的主人，把企业的财产当成自己的财产，通过节约来提高企业的经济效益。其实，只要你真的把企业当成自己的家，把企业的财产当成自己的财产来珍惜，你就会发现到处都能找到节约的方法。例如，做到"人走灯灭、随手关灯"，注意关闭各种电灯、电脑、电器、空调等；做到随时关闭水龙头、阀门，避免滴水、漏水等；做到气温在30摄氏度以上开冷气、10摄氏度以下开暖气，自觉关闭门窗、规范操作流程等；做到规划用纸、双面用纸，实行无纸化办公、发挥电话和电脑的作用，严禁公纸私用；做到多领笔芯、少领笔杆，提倡使用一次性笔；做到价廉物美，包括购买设备和物品时，慎重计算，合理购买，降低成本，严禁不按规定和程序购买商品等。

在低利润时代，挖掘企业内部潜力很重要。员工应该意识到成本是企业的投资，每个人都可以参与成本控制的过程。不管进行节约在做什么工作，都要保持成本意识，配合企业的利润增长目标进行节约。

10. 感恩：想想是谁造就了今天的自己

一个人再有才华也需要别人给自己做事的机会，也需要别人的帮助；只有做事才能保证生活，保证未来。你现在的幸福不是你一个人能实现的，因此要感谢那些给你机会的人。

（1）懂得感恩，路才会越走越顺

感恩是一种真情回馈，感恩是一种做人态度。懂得感恩，才会遇见更好的自己；懂得感恩，才会有美好的生活等着你，才能过好每一天。懂得感恩的人，人品一定不会差，好运气一定不会少，因为越感恩，越幸福；懂感恩，天眷顾。懂得感恩的人，得人信任，被人珍惜，再难，别人也会帮。

无论是在适者生存的社会还是在激烈的职场竞争中，我们都必须心存感激，常怀感恩之心，学会感恩，懂得感恩。只有当我们知道如何报答对方时，我们才能使未来的道路更顺畅。

（2）感谢那些给予你机会的人

在通往成功的路上，要感谢那些给过你机会的人。因为每一次

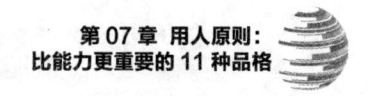

的机会，都能得到一种经历，都是你通往成功路上的沉淀和积累。

要感谢企业，认真对待我们的工作。人生的绝大多数时间都是在工作，而工作是企业给的。员工在企业工作的第一天起，就应该对企业心存感激，因为企业为你提供了一个工作、学习和生活的环境。因此，我们应该学会感恩，为企业做贡献。感恩企业就应该好好对待自己的工作，学会珍惜它。珍惜工作，因为工作是一个机会，一份信任，一个平台；珍惜关系，处理好和自己有工作关系的人和事；珍惜你所拥有的，学会及时调整自己，让自己在工作面前有一种新的感觉和姿态。

要感恩同事给予你工作上的配合。同事们与你一起共事，是你一生中的缘分，应该惜缘。珍惜缘分首先要懂得感恩，就是铭记同事的鼓励、忠告、帮助和支持。面对同事的真诚，我们也应真诚地感恩。感谢同事的相依相伴，感恩同事的教育、关爱、启迪，他们丰富了我们的阅历，提升了我们的智慧。

感恩客户的帮助，让你的事业顺利进行。一个企业会因为客户而正常经营和发展，一个企业领导者会因为客户而盈利，一个员工会因为客户而获得工资和提成，所以人们常说"客户就是上帝"。如果没有顾客，其他一切都不可能。因此，我们要学会感恩客户，时刻为客户着想，用饱满的热情和灿烂的笑容为每一位客户服务。

感恩对手让你变得强大。只有有了对手，才能使我们拥有更强大的动力，才能激励我们获得更大的成功。事实上，我们就是在与对手的交往中逐步成长起来的。感谢对手，便会使你的精神在孕育中成长，在成长中释放，在释放中升华。所以，我们要感谢他们，因为有了他们才有了我们自己的强大。感恩对手其实是一种懂得自我认识、自我改正、自我提高的奋斗者心态，是乐观、向上的进取之心的体现，也是强大起来的必经过程。

感恩批评者让你趋向完美。有一句话说得好："批评你的人是你今天的敌人，明天的朋友；吹捧你的人是你今天的朋友，明天的敌人。"因此，不要拒绝和抱怨别人的批评，相反，我们还应该对那些给予我们批评的人表示由衷的感谢，谢谢给我们批评的人，他们是人世间最关心我们的人，我们应该把他们看成是上帝派来帮助我们的天使，是送给我们的最宝贵的礼物。

11. 学习：赢在学习，胜在改变

限制一个人能力发展的因素有很多，诸如推卸责任、崇拜金钱、职责局限、抱怨、自以为是、不自信、怕犯错、懒惰等。能力是靠学习得来的，无论是企业还是员工，未来的发展拼的是学习能力。这个社会可能会淘汰有学历的人，但是不会淘汰有学习能力的人。职场中人，赢在学习，胜在改变！

（1）赢在学习：不断学习才能更有价值

每个人都拥有同样的时间，可是为什么有些人的时间很宝贵，能够用最少的时间得到最高的回报，而大多数人有大把的时间却不珍惜，只能用最廉价的劳动力获得最低的收入？原因是学习与不学习。一位作家创作一部著作可以在一年内获得几年的报酬，这是他（她）的核心竞争力。如果想让时间变得更有价值，必须努力学习，提高自己的能力。

成功不是偶然的，成功的背后都有一定的付出。只有大脑先富起来，在专业领域学习知识，保持不断学习的热情，才能在这

个竞争激烈的社会占有一席之地。只有当我们有一个坚实的知识储备，我们才能得到更多期望的结果，知识会给我们更多的可能性。总之，知识就是力量，是第一生产力，学习是致富最有效的方法。

（2）胜在改变：学以致用才能改变现状

有的人在学习理论知识时比较机械，不懂得学以致用，因此所学不能够被自己所用。由此可见，学以致用，是多么重要的事情。

要做到学以致用，就要学会理论联系实际问题。在工作的时候，光靠自己所学的理论知识和别人传授的经验是远远不够的，还需要学习很多的东西。因此，我们要树立一个终身学习的理念，要注意理论联系实际。同时，也要注重自己的实践能力。有的人读的书多了，就成了书呆子，头脑简单。之所以这样，主要原因就是光会读书、读死书，不懂得联系实际问题，完全活在想象中，久而久之，就不会进步。因此，读书时，要多联系实际问题。

要做到学以致用，就要学会边学边用，熟能生巧。学的知识会慢慢忘记，但只有边学边用，知识才能扎实。同时，要学会反复运用知识，做到熟能生巧。当你反复做一件事情的时候，你可以变得熟练，同时会总结出很多巧妙的方法。

要做到学以致用，就要学会与时俱进。很多人都有传统观念，

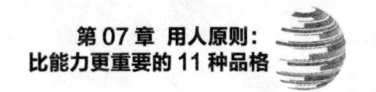

所以在做事的时候，难免会受到传统观念的影响。事实上，有传统观念的人往往会限制自己的思维。在一个快速发展的社会里，只有与时俱进，才能跟上时代的步伐，才不会被淘汰。

第 08 章

用人标准：HR用人应坚持的六个标准

　　企业人才标准是HR基于岗位胜任力素质制订的用人标准。胜任力是一个人的深层次特征，包括诸如动机、特质、自我形象、态度或价值观、某领域的知识、认知水平或行为技能等。据此制订的用人标准一般有六项标准，即以德为先、务实为本、注重团队精神、扎实的基础知识、认同企业文化和具有发展潜力等。这六项标准具有普遍意义，HR依据这六项标准来选用人才，将使企业获得长足发展，人才的整体素质也会大大提升。

1. 以德为先，严把职业道德关

有个成语叫"德才兼备"，德在才之前，职业道德往往是人才选择和使用过程中的第一考察要素。在 HR 眼中，拥有良好的职业道德是员工干好工作的第一要素；一个员工能力差，可以慢慢提升慢慢培养，但如果职业道德不过关，那么即便能力再强，也可能会造成危害。

（1）把握"德"与"才"的平衡点

HR 的一项重要任务就是替企业选人、用人、育人和留人。但企业常会出现人才有"德"而"才"不足，有"才"而"德"不足的情况。德才兼备的人基本是可遇不可求，所以企业经常是在用德才不均衡的人。那么，HR 如何平衡员工的"德"与"才"？

蒙牛创始人牛根生在评价企业用人时认为：有德有才，破格录用；有德无才，培养重用；有才无德，限制使用；无德无才，坚决不用。牛根生的观点可作为中国企业用人的通用标准。美国通用电气（GE）的员工考核特别重视价值观的匹配性，他们没有讲人的"德"与"才"，而是强调企业所提倡的组织的德——GE 价值观的认同。员工认同企业的价值观是最重要的考核标准，在此基础上，有功、有德、有才，才破格使用，有功、有德、低才，则培养使用。

企业注重一个人的"德、能、勤、绩、性、学"，任何一个企业都重视德先于才，但光有德是不够的，企业要的是绩效。一个人有德而没有业绩，也不会得到认可。这其中的关键，就在于 HR 能够发现有德之人，然后着力培养其才能。做到这一点，也就把握住平衡点。

（2）HR 对员工职业道德的培养

良好的职业道德是每一位员工都必须具备的，HR 怎样培养员工职业道德？

一是用制度来约束员工的行为，使之培养良好的职业习惯。比如在制度中可以规定，每天提前到企业，调整好需要的工作状态；做好清洁卫生，保证拥有整洁的工作环境；提前做好工作计划；及时记录必要的工作信息；遵守工作纪律；及时总结工作中的得与失；定时向上级请示汇报工作等。如抛开制度谈"德"，无异于建立空中楼阁。

二是通过培训，加强员工的职业道德修养。职业道德培训旨在达

到以下目的：使员工了解诚信、敬业、责任感、使命感等内容；提高员工的职业精神和责任感；增强凝聚力；督促员工遵纪守法，培养自律性；帮助员工树立正确的工作态度和原则，提高职业素质；明确职业道德的特点，提高员工对职业精神的认识。在这个过程中，HR应该让员工明白为什么应该全心投入，为什么忠诚，为什么要遵守职业道德。只有从员工的角度出发，以员工的思维去思考培训的意义和作用，才能使员工的思想观念在根本上发生转变，认识到职业道德对企业有利，对自己也更重要，从而从内心去改变自己，自觉提高职业道德水平。

2. 务实为本，任何成功都是点滴积累的结果

务实为本，简单来说就是排斥一些好高骛远的人；乐于从基础工作开始的，往往工作态度都很好，而跳槽频率高的人在HR眼中很难为团队做出贡献。

（1）成功是务实积累的结果

事实上，任何"伟大事业"都是"务实工作"逐步累积的结

果。一个务实的人知道，成功只有通过不懈的努力才能实现。那些看似平凡、不重要的工作，务实的人却能持之以恒地去做，这种"持续的力量"是事业成功最重要的基石，体现了人生的价值，是一种真正的"能力"。

务实的人总是愿意从基础工作做起，循序渐进。他们喜欢要求注意细节、精确度、有系统有条理，具有记录、归档、据特定要求或程序组织数据和文字信息的职业，并具备相应能力。这样的人才才能成为团队的"栋梁"。

（2）珍惜使用靠谱的务实型人才

要确定一个人是否靠谱，是否具有良好的务实精神，可以通过他们在工作中的表现来了解。靠谱的人重承诺、守时、不占小便宜、不夸大其词、有底线。对于这样的人，HR应珍惜使用，给他们充分施展能力的舞台，给他们进一步提升学习的机会，帮他们制订职业生涯发展规划。

与靠谱的务实者相比，有些人认为自己天赋异禀，眼光远大，志向远大，因而往往"上重下轻"、浮躁、不务实、机会主义，热衷于做肤浅的文章，很难为团队做出更大的贡献。对于这样的人，HR不仅要耐心引导，而且要谨慎使用。尤其是对那些"不辞而别"的员工，HR需要采取预防措施，从完善企业规章制度、招聘面试

到入职培训、签订劳动合同，都要采取事前通知、事前确认，防范和规避用人风险。

3. 注重团队精神，反对"个人英雄主义"

现代企业几乎没有"个人英雄主义"的土壤，特别是互联网企业基本都是以团队形式搭建的，崇尚的是团队合作，团队才能创造更大的价值，成功离不开团队中所有成员的全心全意合作。

（1）个人能力再强，也需团队力量

在一个团队中，每个人都有着自己的劣势和优势。如何把自己的优势发挥到极致，让团队变得更加优秀？这不但是团队管理者要考虑的问题，也是每个团队成员要去思考的事情。

一个人能力强是好事，但是如果很难与别人合作，团队配合不佳，而且很多时候不认可别人的贡献，便无法融入团队。缺乏团队精神的人是自私的，这样的人会与团队脱节，无法融入团队，即使他（她）有"一技之长"，也很难有机会展示出来，最终无法为团队创造应有的价值。

团队协作是所有企业成功的基础,是企业立于不败之地的重要保障。个人和集体只有依靠团结的力量才能把个人的愿望和团队的目标结合起来,超越个体的局限,发挥集体协作作用,产生"1+1>2"的效果。

(2)HR要注重团队精神的培育

在一个团队中,HR并不需要团队中的每个人都非常的聪明,而是需要团队中的每个人都要有强烈的合作精神,有责任心和事业心。保证团队的凝聚力和执行力,是确保团队任务完成的关键。

HR培育团队精神,首先要在企业的人事战略上做到透彻的理解和坚定不移的贯彻。一是开展员工满意度调查,了解企业哪些方面使员工不满并有针对性地加以解决,重点解决薪酬福利问题。二是明确员工的需求和目标,努力使核心目标与企业目标保持一致,提高企业对员工的吸引力。三是明确企业的使命和价值观,以良好的文化吸引员工。

除了把握企业用人战略以外,还要将战略真正落实到实施过程中的每个环节和细节中。一是组织培训,努力提高员工对团队管理者的认同度,进而增进员工对企业的向心力。二是加强对员工的观念心态、沟通能力、团队精神、工作责任感、执行方面的培训,提

升员工的素质和能力，增进彼此感情，提高相互认同度，增强彼此吸引力。三是在制度设计上要明确员工职责，畅通沟通渠道，避免因职责不清相互扯皮或因沟通不畅导致团队管理者与团队成员之间产生矛盾。

4. 扎实的基础知识，是成为"能人"的前提

基础知识是经过多年的学习和积累在大脑中"固化"起来的产物。如果员工的基础知识扎实，那么理解和表达能力、逻辑思维能力都会较强。反之，就会大大增加人才培养的难度。拥有扎实的基础知识是成为合格人才的前提。

对于新员工来说，基础知识更多的是指基础性的技能知识。技能知识的掌握是可以提升的，HR只要运用"培训+实践"的培养方式，新员工就能快速掌握技能知识。

（1）培训提高，注重循序渐进

为了取得更好的培训效果，应注意循序渐进，提前明确新员工的培训流程。只有流程清晰，步骤清晰，才能更容易帮助新员工度

过过渡期。一些新员工不耐烦，想一下子做得和前辈一样，所以他们想跳过一些步骤。如果任其发展，基本技能的培养将被削弱，从长远来看后果不堪设想。所以新员工的培训必须按顺序进行。

每个部门都有不同的情况，但对新员工的培训是需要按照一定程序来实施的。一般情况下，他们会被要求大致完成涉及每个部门之间交集的工作，了解同事之间的关系。因此应先做一些与整个工作相关的事情，不要从某一个部分开始。培训的原则是从简单的工作到困难的工作做；从按照固定的标准程序和方法进行的日常工作到适用性强的工作。总之，要根据本部门的工作内容规定工作顺序。

在初期，要注重处理工作的准确性，不需要太关注速度和工作量，以免给新员工带来过重的负担。待新员工能准确地处理好这项工作后，再提出速度要求，并指导其如何达到一定的工作量。当新员工工作速度和工作量达到一个相当的水平时，就应逐渐给他分配前辈们的一些工作，使他成为一个独立合格的员工。这三个阶段应该说是HR引导新员工的基本原则，即一要准确，二要迅速，三要做得更好。

（2）实践培养，指定一位责任人

新员工对进入企业充满希望，要使其成长，HR需要建立责任人

机制，指定一位指导新员工的责任人，并让他（她）负责培训新员工。一般来说，责任人应尽可能选择有5年以上工作经验的老员工来担任。另外，为使新员工了解本部门的情况，应交叉更换责任人而不是让一位责任人负责到底。责任人的增加，相当于扩大了培训范围。

新员工的责任人首先需要完成三项任务：一是向新员工演示工作的操作方法，让新员工试着去做，在这个过程中亲手教他，评估他（她）的表现；二是仔细观察新员工的行为，找出问题所在，通过反复提醒，帮助他（她）改正错误，坚持"一次改正一个问题"的原则，一个一个地改进和提升；三是倾听新员工的所有烦恼，并提出相应的建设性建议。

有些新员工没有工作经验，尤其是应届毕业生，对于做工作完全是一张白纸，他（她）在以后工作中会受到最初在企业遇到的上司及前辈的影响，所以上司及前辈必须对他们的成长有正面影响。培养新员工的一个很关键的问题就是要交给新员工做事的方法。虽然给新员工安排的工作难度不大，但是必须要让他（她）掌握合理的操作方法。"做事的方法"会让新员工在尽可能短的时间里，克服潜意识里的自卑，获得自信和成就感，从而享受到工作的乐趣。否则他们就会"怎么想怎么做"，结果因做得不好而失去自信，讨厌工作，并不知不觉地养成不良工作习惯。

5.HR用人，员工认同企业文化很重要

一个员工能够认同企业文化，对HR用人来说是非常重要的。因为员工认同企业文化，相信企业这个平台发展潜力，就能更好地为企业服务，同时企业也能反馈给员工发展机会和晋升待遇。

（1）企业文化的认同关乎人员稳定

企业文化的认同关系到所聘用人才的稳定性。人才的不稳定不仅不利于团队工作的发展，而且大大增加了人才招聘成本，给企业带来不必要的负担。

事实上，员工不稳定虽然有很多方面的原因，但根本的原因就是员工对企业文化的认同问题。在具体表现上，包括与员工切身利益相关的诸多方面，如待遇、发展空间、企业未来、内部文化等。员工对企业的认可度低是造成人员流失的最根本原因。

（2）让文化内化于心，外化于行

人力资源管理的核心就是选（选人——招聘配置，根据需要

招到合适的人员）、用（用——选拔任用，把合适的人员用于适合的岗位）、育（育——培训开发，使员工在知识技能上提升从而更好地胜任工作）、留（留——留住人才，与企业共同发展）人，工作的重心也在于此。这也让HR在工作中发现了许多问题，比如经常招不到合适的人；招到的人过几天就跑了；为考核而考核，为培训而培训；明明给员工发了福利他们还吐槽；工作中被牵着鼻子走，始终找不到解决问题的办法……所有这些都是企业文化缺失的表现。

员工必须认同其文化，使文化内化于心，外化于行。首先，HR要弄清楚，什么是文化。文化就是要形成一种集体意识并统一行动。为什么要做企业文化？是为了提高大家的行为一致性，以减少或避免内部摩擦，提高工作效率并最终带来竞争力。以上两点是企业文化的底层逻辑和内核。其次，HR要分析员工不愿遵循企业现有的文化形式的原因，比如，个体的价值观发生了变化；员工的良性行为惯性没有养成；管理者过分追求形式主义，导致企业文化的空洞化等。然后找出企业的问题所在，但还是需要数据说话。最关键的是要针对目前存在的具体问题加以改善。比如，启动组织内部的对话，重新思考组织文化；对不支持的员工，一方面慢慢讲道理，另一方面要求老员工带头与新员工结对子；创新、改进文化活

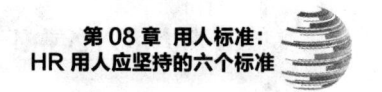

动形式，如进行荣誉性嘉奖或者配套活动等；早会要有实质性内容和灵魂等。

总之，HR要换个思维，自己首先要相信企业文化的意义，然后再思考如何把这事做得更好。只有这样，才能使员工认同企业文化，不仅能内化于心，而且还能外化于行，从而与企业同甘共苦，一起走向未来。

6. 发展潜力是快速成长的先决条件

企业需要的是具有良好发展潜力的人才，因为使用这样一个人才企业的成本可能不是很高，但创造的价值却在不断增长。因此，企业对于可塑性高、成长潜力强的员工格外青睐，也希望这样的员工能够长期任职，能够伴随着企业一起成长发展。

（1）HR是这样辨别有潜力员工的

对于企业的HR来说，识别和培养潜力人才至关重要。一般情况下，HR要的潜力人才都有一些共同的特点：寻找动机强烈；在追求有挑战性目标时敢为人先；为人谦虚，把集体放在个人之上；

充满好奇，永不满足地探索新思想和新途径，能看到别人看不到的种种关联；积极参与工作并与他人互动；具有克服挫折和障碍的决心。但这些只是潜力人才的特点而不是 HR 的维度，HR 的维度除了看重这些特点还应重视智力、经验、表现以及特定能力等因素，尤其是与领导力相关的因素。

事实上，对于企业的 HR 来说，他们自有一套辨别有潜力员工的办法。例如，宝洁企业的胜任力模型，就是企业对于员工潜力判断的一种标准；德勤在识别高潜力员工时，会借助 Lomiger 学习敏锐度模型，从心智敏锐度、人际敏锐度、变革敏锐度、结果敏锐度和自我认知这五个维度来判断和辨别高潜力人才。当然还有其他一些具体的能力模型来帮助 HR 进行判断。

（2）HR 是这样使用有潜力员工的

HR 一旦从企业内部或外部招聘到潜力人才，下一步就会留住他们。美国趋势专家丹尼尔·平克在他的著作《驱动力》中指出，大多数人，特别是知识型员工的驱动力来自三个方面：自主性（控制自己的生活自由）、技能（专业上追求卓越）和目标（立志为自己以外的更大事业服务）。这三个来源为 HR 的使用和留住高潜力人才提供了参考。但是，HR 不应就此止步，因为经济回报也是非常重要的。事实上，所有员工，特别是潜力员工，都希望所得回报与自己的努力和

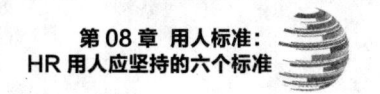

贡献成正比，使自己与从事类似工作的其他人区分开来。

高回报同样需要强有力的制度支持。HR在建立薪酬体系时，最好使潜力员工的薪酬高于平均水平。同时，要在"做什么事、什么时间做事、和谁做事、怎么做事"这四个方面给予潜力员工自主权（即控制自己生活的自由）。为潜力员工设置困难但可以实现的挑战性目标，可以为他们减少干扰，并使他们能够取得专业成就。具体到实务中，要给他们更高的职位，让他们控制更多预算和管理更大的团队，这样的安排有助于他们的发展，还应该让他们横向轮换。总之，多样化、复杂和富有挑战性的职位可以使他们快速成长。

第09章

用人体系：HR用人的方法、技巧、胸怀、境界

　　HR用人要讲究方法和技巧，更要有胸怀和境界。用人方法和用人技巧属于"形而下"层面，而用人胸怀和用人境界属于"形而上"层面。它们各自在自己的层面形成了一个子系统，四个子系统构成了一个HR用人比较完整的体系。而这个体系能否发挥出作用，关键取决于是HR如何把握的。显而易见，这也是HR必学必用的专业能力。

1. 用人方法：用人疑、疑人用；理性疑、感性用

"用人不疑，疑人不用"是短缺经济年代的用人理念，是一种无奈！而在经济过剩的今天，这条用人之道是行不通的，只要企业建立了"公平，公正，公开"的用人制度，就可以"用人要疑、疑人要用"，这才是更高境界！

（1）用人疑，疑人用：在"疑"的积极动态中实现"不疑"

"用人不疑，疑人不用"几乎是历来用人之道的金科玉律，其意思简单说就是：你觉得他可靠、信得过就用，不可靠、信不过就不用；既然用了，就要相信他，不要怀疑他。其实，这句话对现代企业管理来说已经不管用了，成功的企业绝对不会在用人上不疑，而是疑之又疑，通过疑来达到不疑。

事实上，因这一条用人之道导致的商战惨败者不乏其例，日本八百伴的彻底倒闭就是一例。八百伴破产四年之后，创始人和田一夫写了本书叫《从零开始的经营学》，讲述他在沉默了数年之后重新创业兴办 IT 企业的故事。后来旅日学者徐静波将《从零开始的经营学》翻译成中文，并改名为《不死鸟——和田一夫自叙过去和现在》。有一次和田一夫在跟徐静波谈起八百伴失败的原因时说，是因为自己太相信房地产市场了，太要面子了，过于相信银行了。由此可见，如果把企业发展之宝完全押在了某些人的身上，企业会因个人的能力和人品的突然病变而坏死。

"信"和"任"是两个不同的词。信是相信，任是委任。在现代企业管理中，相信一个人未必会委任一个人去做某件事。我们相信诸葛亮的才华，但不会委任他做外科医生。委任一个人做事后就只在那里等待结果是错误的，HR的职责就是要确保事情有结果和员工有成长，分配工作后不闻不问是HR的失职。而检查工作进展，完善工作方法是制度的规定，这与信任不信任没有关系。信任不能代替监督，否则将来不仅会害了企业，也会害了个人。所以，现代企业管理讲究的是"制度第一，能人第二"，讲究的是"疑人要用，用人要疑"，在"疑"的积极动态过程中实现"不疑"，这样用人企业才有发展，人才才能成长。

（2）理性疑感性用：战略上要用人，战术上要疑人

"理性疑人，感性用人"讲的是在怀疑中使用，在使用中考察。理性疑人强调敢于怀疑一切人，只有敢于怀疑，才能去选择那些有志于求索的人；感性用人强调敢于使用一切有用之人，只有敢于用

人，才能让被使用的人创造出新的成果来。由此可见，"理性疑人，感性用人"就是在战略上用人，在战术上疑人。

虽然企业怀疑人是为了防范和降低风险，但是被怀疑的人企业还是要用的，因为这是企业招纳人才之举，只要是有用之才，皆可以用。疑人是主观的东西，人才却是客观存在的。如果稍有怀疑就不去用，那么世间将没有人才可用。只要企业建立一整套健全严密的管理监察制度，那类被怀疑的人就都可以用，并且用了都可以放心，因为有制度在那里。如果仅仅疑人而不敢用人，那所用之人最后都将变成真正的"疑人"，企业也就无法被注入新鲜血液。所以，从战略上要用人，从战术上要疑人。

2. 用人技巧：发现、呵护、包容、使用

HR 的用人技巧在于：善于发现、倾情呵护、大度包容、大胆使用。也就是说，要发现有能力的人的长处，要关心新员工的思想、工作和生活，要容纳新员工的个性，要大胆地给予新员工工作的机会。这样，新员工不仅愿意留下来，而且可以把自己当成企业

主人，把事当事业做。

（1）善于发现：招聘渠道与内部挖掘

HR 善于发现人才，要从外部招聘和内部挖掘两方面着手。在招聘方面，HR 应首先明白想招什么样的人。比如，具有过硬业务能力，具备团队协作精神，拥有相应资源条件，认同企业价值观等。除了确定招什么样的人，还要考虑如何吸引合适的人才。比如，招聘广告标题要吸引人，招聘广告内容要详细，企业薪酬福利制度要完善，企业要有良好的企业文化等。

在内部挖掘方面，对于 HR 来说，人才比较难找，而且即使找到了也不见得一定能产生期望中的工作绩效。一方面，企业所期望突破的瓶颈，并不一定是人才进入企业之前已经解决过的问题，在这方面不一定有成功经验；另一方面，优秀人才之前的成功经验，也不见得适合在不同的企业环境下实施。最后，HR 常常发现，最好用的人才，反而是自己内部培养起来的优秀员工。马云当年将大部分空降的 MBA 人才辞退，重新启用"十八罗汉"就是一个典型案例。当然，从一个普通员工成长为一个优秀员工，HR 需要付出很大的努力和大量的时间。

（2）倾情呵护：定制立范，全程呵护

为使新员工快速融入企业，HR 需要制订考勤、薪酬、绩效等制

度，以及行政规范等；要为新员工培训准备一系列课程，并在培训过程中设计游戏、测试、考试等环节；要关爱新员工，让新员工不知不觉地融入企业。此外，要有计划地关爱新员工，跟踪新员工试用期，加强对新员工个性和价值观方面问题的沟通和交流，引导和促进融合。

HR在上述这些环节中是无微不至、煞费苦心的。毕竟，要用好一个人或培养一个人，就应该从一开始就告诉他（她）企业的规章制度是什么，什么底线是不能触及的，这样他（她）才能在正确的轨道上前进。由于HR的全程倾情关怀与呵护，企业有完善的制度和规范，才能够保证新员工更好地融入企业，适应企业，与企业一起健康成长。

（3）大度包容：试用期管理包容和制度、文化包容

帮助新员工快速融入团队，HR的大度包容必不可少，这主要体现在试用期管理包容和制度与文化包容两个方面。在试用期管理方面，鉴于新员工需要了解这个企业的实际情况，要适应企业的组织行为、对人行为的正确价值判断，以及对组织习惯的接纳等；当这些习惯与新员工个人的行为习惯之间发生矛盾时，HR需要有一种耐心、包容心来适应新员工。此时有一个矛盾点：一方面要求新员工快速创造成绩；另一方面HR也要有包容心。因此，HR和用人部门需要良好的配合。用人部门会更多地为新员工创造

价值，而 HR 则需要从企业整体的角度扮演包容的角色，二者之间才能够形成较好的平衡。如加强与新员工所属部门负责人的沟通，及时掌握了解新员工的工作、生活动态。也可以设计开发一些针对新员工的激励措施等，还可以将试用期新员工组织起来，相互交流与分享。

在制度和文化包容方面，HR 通过文化和制度设计，要让新员工感受到更多的沟通、帮助和包容。一是避免组织文化"冷漠"，老员工要对新员工加以关怀、包容。二是避免直线式的"急迫"管理，当好"教练"。三是制订直接明了、合理合法的制度，让制度足够透明，避免因人因事的不同而对人进行判断的态度、结果不同。四是分工明确、职责清楚、权限得当、界线清晰，辅助以良好的沟通协作机制。五是及时发现和掌握新员工的行为与心理动态，做好辅导，扮演好教练角色，避免或化解心理隔阂。

（4）大胆使用：大胆、充分地使用新员工

善用人才是 HR 成熟的主要标志。新员工刚进企业，HR 要表现出慷慨、大方。一般来说，HR 是新员工的引荐人，也是新员工在企业接触的第一人。当新员工报到的时候，要十分热情地去迎接他（她），就像好友重逢。除此之外，要为新员工准备一个整齐、干净的工位，也会让他（她）感到安心；同时，HR 也要主动向新

员工介绍他（她）的入职责任人，带他（她）熟悉企业里的每一地方，包括卫生间；在介绍完基本的情况后，还要为新员工提供一套完整的办公用品；陪他（她）一起吃午饭；下班后简单交流一下，关心一下他（她）的感受等。这些都是资深 HR 的经验内容总结。

当然，除了上述这些，更重要的是给新员工提供更多的工作机会，给他（她）一个施展才华的舞台。这一点非常重要。事实上，新员工进入企业，就是想在工作上有所建树，取得人生成绩。所以，HR 要在工作上大胆、充分地使用新员工，具体方法上，要用其所长、避其所短，量才使用、才尽其用，明责授权、信任新员工等。

3. 用人胸怀：用其长，容其短；刀子嘴，豆腐心

要想让企业的员工能迅速成长，就要"用其长、容其短"，并不断地赏识、表扬。当到了员工成长比较成熟的阶段时，就要用"刀子嘴、豆腐心"的态度去鞭策他们。

（1）用其长容其短：辩证地看待人才，科学地使用人才

"用人之长、容人之短"是唯才是举的一个重要原则，是开明

领导者的一项重要管理思想,并且从古延续至今。唐代著名政治家陆贽说:"若录长补短,则天下无不用之人;责短舍长,则天下无不弃之士。"意思是说,如果使用长处然后补充缺点,那么天下没有不能被使用的人;如果只看见短处就舍弃长处,那么天下就没有可以使用的人了。

所谓"金无足赤,人无完人"。HR要辩证对待人才,科学使用人才。人才也处在相对的不断变化之中,人之长短都会依一定的条件相互转化,长处会变为短处,短处也可能会变为长处。关键在于用人者怎样使用,为人才创造怎样的条件。合理使用会使"劣马"变成"千里马",反之则使"千里马"变成"劣马"。因此,在使用人才的过程中,要注意其优势和长处,然后加以利用。当他们表现好时,应该给他们适当的奖励。对于他们的问题和缺点,首先要给他们一些宽容,私下里非常坦诚地与他们沟通,给他们一些有效的建议和意见;其次,要督促他们不断反思、调整和改正自己。其中,科学有效、奖惩分明的绩效管理体系将发挥极其重要的作用。

(2)刀子嘴豆腐心:鞭策员工,使其痛定思痛并快速成长

刀子嘴豆腐心比喻虽然说话刻薄但心地柔和、宽厚仁慈。在一般情况下,越是刀子嘴的人其骨头里的豆腐心越是软的。刀子嘴豆

腐心是 HR 的一种用人胸怀。HR 为了锻炼员工，经常需要不断地鞭策员工，让员工痛定思痛，从中得到锻炼并快速成长。

当然，HR 鞭策员工绝不是单一的批评。HR 为了照顾员工的感受，提高员工对批评的接受度，HR 最好将自己的核心建议传递给员工，哪怕对员工的一个小小进步也要给予肯定，然后在提出建议和批评之后，不要忘记给员工希望和鼓励员工，让员工保持自信和愉快的心情，不至于有被打击的挫折感。这就是刀子嘴豆腐心。

4. 用人境界：基层待遇留人，中层情感留人、高层事业留人

HR 用人境界主要体现在留人上。任何企业都有基层、中层和高层，如何留住他们？成熟的 HR 用人境界可谓很高——对于基层，待遇留人；对于中层，情感留人；对于高层，事业留人。

（1）基层留人：用待遇留人

留住基层人员的方式是靠待遇。因为基层人员待遇少，他们需要钱，因此要尽可能多地厚待他们，让他们过上更好的生活，他们

就会更加努力，这是一个双赢的方法。

对于基层人员来说，实现工作目标就等于获得了"金牌"，意味着有好的待遇。对于 HR 来说，把好的事情做到更好，把不好的事情也尽其所能地做好，这就是优秀的基层员工的态度。对待这样的基层人员，应该给他们增加待遇，留住他们。

（2）中层留人：用情感留人

留住中层人员的方式是靠情感。因为单纯的物质已经满足不了他们的需要，只有用真感情去交往，把这些人当成家人对待，中层人员才会以企业为家，为了这个自己的家而投入更多的努力。

对于中层人员来说，HR 自己就是教练员，作为一个"教练型"领导者，既要做事又要做人。做人要无私无畏，做好团队成员的思想工作；做事要带好团队，让团队有凝聚力和战斗力。这就是合格的中层。对于 HR 来说，对待能够将做人做事相互结合起来的中层人员，应该倾情以待，留住他们。

（3）高层留人：用事业留人

留住高层人员的方式是靠事业。因为他们往往都能独当一面，并且想有一番作为，闯出自己的天地。仅仅靠待遇和情感的投入，已经不能满足他们了，需要的是一份事业的荣誉。

对于高层人员来说，他们只负责用好人、管好人，具体的事

务让他们去管，给他们多留空间，允许他们犯错，以促使他们迅速成长。对于 HR 来说，对待只管人不管事的高层人员，应力荐企业总经理或董事长给他们平台和施展的空间，给他们财力和物力的支持，甚至让他们成为企业的合伙人，这样才能留住他们。

第 10 章

用人机制：绩效考核＋晋升渠道＋团队管理＋动态用人＋模式创新

　　HR 用人机制，简单地说就是确定用什么样的人与如何用，培养什么样的人与如何培养以及用什么样的方法管理不同的人，是集使用、培养、培训、激励、管理等专业技术于一体的规范化操作方法。基于此，本章从建立绩效考核机制、设计晋升渠道、团队内部管理、建立岗位胜任力素质模型、人才管理新模式等几个方面，来展示 HR 用人机制的不同层面，具有现实指导意义。

1. 建立绩效考核机制：相马不如赛马

绩效考核是一个很好的使用方法，谁能用，谁不能用，谁适合做什么，都可以通过绩效考核的方式来帮助 HR 认识员工，也有助于员工认识自我，不断提高。

（1）发掘人才需要 HR 全面"相马"

在人才发掘过程中，由于时间短，任务重，HR 没有办法让应聘者参加实战演练，所以必须全方位地从各个角度进行"相马"，要充分利用 HR 自身经验判断人才，还可以利用一些测试、测评工具如艾森克 EPQ 人格测试、16PF 布瑞格斯人格类型指标、MBTI 职业性格测试、九型人格、大五类人格、乐嘉的性格色彩测试工具等。

"相马"还要广开渠道。千里马不常有且不多，企业不能为了等千里马而不招人，所以只能多管齐下，利用各种途径、各种方式去招人。

（2）培养人才需要绩效考核来"赛马"

靠"相马"途径招进来的千里马，如果不在实践中历练，便不能发挥重要的作用。所以最好是放到赛场上去赛，在赛的过程中优胜劣汰。而优胜劣汰依据的就是实际绩效，带来绩效才是真本事，其他都是浮云。换句话说，绩效考核就是为了"赛马"。这是人力资源管理的一个重要方法。

　　建立一套行之有效的绩效考核机制，HR需要多方面考虑。绩效考核有指标设置、绩效考核、过程管控和结果实现这四个步骤。其中，指标制订和绩效评价是难点，过程管控和结果实现是重点。HR在建立和实施绩效考核机制时，不能过于关注"难点"而忽视"重点"。以过程管控为例，HR必须考虑到，在员工实现绩效的过程中，企业是否为员工提供了上级指导、相关办公设备等软硬件方面的资源？比如当员工遇到困难时，企业是否为员工提供了及时的指导？是否为员工提供有针对性的个人能力发展计划？这些都是非常关键的因素，这也决定了员工绩效的最终结果。

2. 设计晋升渠道：创造发展空间

　　员工晋升不仅是企业选拔优秀人才的途径和方式，同时也是优

秀人才实现自身价值，获得发展机会的途径和方式。在人才流动渠道畅通的背景下，完善的员工晋升机制对于企业用好人才、留住人才更显重要。

（1）员工晋升管理体系存在的问题

目前，企业在员工晋升管理体系中还存在诸多问题。主要体现在以下三个方面：

一是部分企业尚未建立一套量化的、可操作的晋升评价体系。同时也尚未形成有效的监督体系。

二是晋升中不公平不公正的问题难以解决。同时，在权力金字塔结构中，越往上升迁机会越小。

三是部分企业疏忽了对晋升文化的打造，积极向上、公平公正的用人环境没有形成。

（2）提供晋升渠道，满足员工需求

企业要留住人才，首先要保证企业有足够的晋升空间，能满足众多员工的需求：

首先，企业要充分了解员工职业发展的需要，开辟多岗位序列，如行政序列、工程序列、营销序列、客户服务序列等，然后在不同的岗位序列下规划各自不同的二级序列。以技术人员为例，不是所有的技术人员都适合当经理，他们的特长和爱好往往是在技术领域，企业应当为其提供以技术为导向的晋升渠道，并给予相应的奖励。

其次，员工的晋升要从企业战略出发，根据战略制订未来几年人才需求的清晰蓝图，即明确企业需要什么样的人才，需要具备什么样的素质，如何满足这些需求。在此基础上，进行工作分析，对企业的部门和岗位设置进行评价。同时，根据企业业务规模、人力成本以及团队成员的知识结构等驱动因素，提出合理的人员配置。这样，员工就可以清楚地看到自己的发展方向、发展模式、机会大小，以及对企业的贡献，更积极地参与到适合自己的晋升渠道中。

最后，在不同的晋升空间，需要根据工作任务的性质和难度，将工作划分为多个递进层次，明确各层次内容在知识、经验、技能、素质等方面的要求，建立一套人员资格制度，使员工通过努力获得越来越高的晋升机会从而得到提升。

3. 处理好小环境：专注于团队管理

从 HR 的角度来看，微观的人力资源管理是企业宏观人力资源管理的基层支撑力量，是直接产生生产力的关键。因此，用人就必须处理好小环境，包括团队管理者个人领导力的打造，通过沟通保证团队信息有效传递，通过轮岗工作提升团队整体素质等。在一定意义上说，这些内容都属于企业文化建设范畴，因而是企业基业长青的基因。

（1）团队管理者要打造领导力

领导力的含义体现在"激励追随者达成更高目标的能力"，其本质是内在的影响力。团队管理者要懂得做人的艺术而不是单纯做事的艺术，以个人的品质和个性影响他人。

基于人格领导力的关键是团队管理者的自我形象塑造：第一，智商、情商、财商加权平均高于团队成员，使自己成为具有一定能力水平的人；第二，能够脱离事物本身看到事物的本质，并熟知团队成员之间的利益关系，并从他人角度思考利益，最终形成对团队内部利益关系的清晰认识，即"知轻重"；第三，对各个阶段具体要达到的目标和采用的方法要非常清楚，也就是要知道做什么事和如何做事；第四，具有把正确的事落实到底的毅力，并在推进事业发展过程中遵从信用原则。

（2）通过良好沟通，让信息有效传递

沟通是信息交流和情感表达的过程，在团队中，沟通是双方交换意见、达成协议的过程，是合作完成工作的必要手段。

有效沟通是讲究方式方法的：第一，做好沟通准备，明确沟通内容，同时要注意交流的艺术，如首先要了解团队成员的心理承受能力，肯定他们的成绩和优点，然后指出他们的不足和改进方向等；第二，要学会积极倾听，做忠实的听众，同时要对沟通有反馈，并进行语言交流；第三，要根据沟通各方的年龄、性别、学历、专业、分工等方面的差异，采取面对面交流、电话、命令、文件、会议、业务报告、内部报刊及宣传栏等不同的沟通方式；第四，要注意尽可能减少沟通层级，以免因信息传递参与者过多而导致信息失真，因此最好的方式是面对面交流（面谈），这样能让信息准确直达。

（3）实行轮岗制，全面提升团队成员素质

无论是刚入职的新员工，还是长期处于某一岗位的员工，实行轮岗制都能有效地提高团队成员的整体素质。在轮岗过程中，新员工不仅可以了解到企业历史、企业文化、战略发展目标、组织结构

和管理方法等，还可以了解工作流程和制度规范，从而明确自己的职责，更快地适应环境和新工作。同时，新员工的负责人还可以介绍部门结构、岗位职责和管理规范等，培训基本专业知识和技能，介绍关键绩效指标等，必要时还可以进行行为示范，指出未来可预期的职业发展方向，并为员工提供快速进入工作岗位所需的信息。

老员工轮岗也是有必要的。员工一开始接触一个新岗位时，学习最快进步也最大，后期随着时间的推移学习速度慢慢降低。当换一个岗位的时候，又开始新一轮的学习。因此。老员工轮岗可以避免进入职业倦怠期，通过进一步学习新技能新知识激发活力，不断成熟完善，使工作经验更加丰富。

4. 建立岗位胜任力素质模型：动态用人

企业不应该在一个时间点上看人，而应该动态地用人。如果能在早期了解员工的深层次特点，就能进一步明确员工的发展方向和目标，更好地与企业的人才管理和人才发展战略相匹配。通过建立岗位胜任力素质模型来评价相关人员的胜任力，是一种非常有效的评估方法。岗位胜任力素质模型可以帮助企业在动态中实现高效的人岗匹配，促进企业建立核心竞争优势和高绩效文化。

（1）岗位胜任力核心能力要素与建模步骤

岗位胜任力素质模型的核心能力要素包括创新能力、学习发展、绩效导向、解决问题、团队合作、培养他人、进取心、组织认同、沟通协调、表达能力、信心等。岗位胜任力素质模型维护的总负责者是 HR，岗位胜任力素质模型维护的相关者是各相关部门和高层管理者。

建模步骤简单来说包括下面几步：采用工作分析和专家小组讨论的方法来定义绩效标准；根据岗位要求，分别从从事该岗位工作绩效优秀和绩效普通的员工中随机抽取一部分进行调查；通过行为事件访谈法、专家小组法、问卷调查法、全方位评价法、专家系统数据库和观察法等获取效标样本有关胜任特征数据；对上述数据进行比较，然后进行特征归类，再根据频次的集中程度来估计各类特征组的大致权重；采用回归法或其他相关的验证方法来验证岗位胜任力素质模型，据此找到"短板"，然后有针对性地进行培训，验证结果同时也为人员选拔以及人才招聘提供了有力依据。

（2）评估岗位胜任力核心能力要素

通过岗位胜任力素质模型对员工的能力进行评估，可以确定员

工的能力强项和差距，并根据不同的应用目的使用评估结果。建议在第一次评估中，间接上级选择部分间接下属进行评价，以便总负责者 HR 通过两级评价的得分进行分析，发现可能出现的问题，利于及时改进。

在评估之前，评估人员可能难以评估被评估者在能力要素的某些方面的绩效。因此建议在评估前咨询周围的同事或向客户征求意见。如果时间允许，建议首先采用员工自我评价的方式。同时，评估人员需要与被评估人充分沟通，并与之分享各能力要素的最后结果。

在评估过程中，评估人员应严格按照评估工具的内容和格式进行客观公正的评估。如本部门初评结果与"专家评审组"的访谈结果相差太大，应要求他们说明评审原因。根据各能力要素的等级标准对被考核人进行评估，然后将各要素的个人得分填写到相应的员工评估表中。经逐项考核，最后得出该岗位人员的能力素质即胜任力总分。

在评估结束后，各部门将《员工评估表》作为附件，以部门公文的形式发给 HR。然后，HR 根据评估结果与被评估人沟通，随后制订相应的改进计划。

5. 以法为凭，合规用工，让《劳动法》成为企业护身符

自《劳动合同法》出台以来，劳动纠纷越来越多，尤其是企业法律意识淡薄，过分注重压低用工成本，违规采取不签订劳动合同、不缴或少缴社保、拖欠员工工资等方式避免承担社会参保责任、降低职工福利和劳动保护费用，直接损害了劳动者的合法权益。然而劳动者维权意识的不断增强，利用法律武器维护自身的合法权益，再加上企业中人事管理人员素质不高，对人力资源相关政策了解不够深刻，导致企业用工行为不够规范，这些也是很多企业陷入劳动争议旋涡的重要原因。

据统计显示：通常争议集中在解除劳动合同的经济补偿、赔偿金，劳动报酬，社会保险，确认劳动关系或者其他方面。在日常管理实践中发现，用人单位的胜诉率较低。其实，很多纠纷是可以在事前防范的。那么如何做到事前防范呢？

一是 HR 加强学习专业技能，提高人力资源管理人员的专业

素质。

二是完善企业各项规章制度，规范用工管理流程，做到建立科学的制度既"防小人"也"养君子"。

三是HR掌握防范用工风险和化解劳动争议的技能技巧，迅速杜绝或减少劳动争议的发生及降低败诉的概率，树立与持续维护用人单位的管理权威。

四是在企业管理中规避可能出现的用工风险。

树立劳动用工风险防范意识。在日常管理中，管理人员应树立牢固的风险防范意识，思想不能松懈。同时，要严格按照规范流程操作，不能因为烦琐而随意越过应有的程序，为以后产生风险埋下隐患。对于劳动用工的高风险点，要格外地关注，提前做好应对的准备，争取主动。

完善和控制管理流程，重点监控高风险点。了解《劳动合同法》等相关法律规定，在招聘、订立劳动合同，员工管理，员工离职等流程中，严格遵守法律规定。在招聘过程中要主动尽到告知义务；自用工日起不超过一个月签订劳动合同；劳动合同的主要条款内容例如工作岗位、劳动报酬、劳动保障、劳动纪律等要详细合法；健全用工规章制度，使劳动用工的各个方面都有章可循，且易操作；及时主动为劳动者缴纳社会保险等。

加强劳动用工检查。加强对劳动用工情况、社会保险缴纳情况的检查，更加规范化和常态化，实现全面检查和重点检查相结合，定期检查和不定期检查相结合，以规范劳动用工，防范和化解劳动用工风险。

增强法律维权意识，注重固定、保全证据。法律规定了一系列用人单位举证的法定情形，如因用人单位减少劳动报酬、错误计算劳动者工作年限、辞退、解除劳动合同等决定而发生争议，由用人单位承担举证责任。因此，用人单位必须提高保存证据意识，以免因缺乏证据使自身陷入争议中的不利局面。

此外，企业还应营造良好经营环境，建立和谐的劳动关系。

6. 人才管理新模式："弼马温效应"和"懒蚂蚁效应"

企业的人才管理目前有一定的局限性，尤其是对于"弼马瘟效应"中的"刺头员工"和"懒蚂蚁效应"中的"问题员工"的管理，急需改变和完善。本段结合与人才管理密切相关的"弼马瘟效应"和"懒蚂蚁效应"理论，探索新生代员工和创新型人才的管理

新模式，来帮助企业掌握更好的人才管理方式。

（1）基于"弼马温效应"的新生代员工管理新模式

在我国古代，一些养马的人在马厩中养猴子，这样可以避免马瘟。因为猴子天性好动，这使得那些易惊易怒的马得到了一定的训练，使马从易"激动"的状态中解脱出来，对于突然出现的人或物以及声响等不再惊恐。在马厩中养猴，可以使马经常站立而不卧倒，也可以提高马对蚊虫叮咬引起的疾病的抵抗能力。在马厩中养的猴子被称为"弼马温"，这件事的效应就是"弼马温效应"。

将"弼马温效应"应用到企业中，企业就类似于马群，而那些个性鲜明、我行我素，同时又是能力超强、充满质疑和变革精神的新生代员工就是企业中的"猴子"。在一些企业中，他们被叫作"刺头员工"，因为这些新生代员工难于管理。

其实，猴子与马是相互促进的，而相互促进恰恰是双赢的关键，英雄从来都不是独自成功的。因此，作为一个经济组织，企业也应该配备"弼马温"式的新生代员工，增强他们的活力，避免疲塌和懈怠，进而增进整个企业组织的活力。只有改变了对新生代员工的固有印象，才能在具体的管理实务中采取积极的措施。

一是正确对待新生代员工。HR的工作实际上是面对人的心灵的工作，因此管理的根本是深入员工的心灵之中，寻找共同认可的理念、文化与灵魂。HR需要知道，只要你心中有员工，那么每一位员工都是人才；反过来，若你心中只抓着"刺头员工"，那么他们将永远一无是处。

二是树立新的人才培养理念。作为HR，首先要树立新生代员工理念，将他们当作人才来培养，并坚信他们是完全可以培养出来的。培养新生代员工，除了要做培训方面的一些制度性安排，还要格外注重企业文化的力量。事实上，企业的真正魅力，在于能让新员工在不知不觉之中为企业改变自己，适应企业，企业应为新员工创造成才的条件和机会。企业的魅力就是企业的理念、目标，只有员工认同核心理念目标，才能建立起真正的团队；也只有这样的团队，才是有力量的团队。

三是给新生代员工成长的空间。新生代员工的成长需要一个过程。他们一进企业，工作都很努力，这是很重要的培训和学习的阶段，HR要遵循以人为本的管理原则，建立员工分类管理方式。在关注新生代员工争取一个好的职位的基本要求的同时，为他们设置适合他们的职位。随着新生代员工努力掌握了更多的技能和知识，他们开始期望突破制度、规范的约束，要求创新与自由。因此，HR就应顺势而为，调整职位，让他们达到人与岗位、人与部门、人与企业三者之间的匹配，并制订针对性考核评价方法，以发挥他们的

能力。在这个阶段，学习、培训都是不可少的。随着不断的学习和活动，企业理念得到培育与巩固，围绕着企业理念的企业文化建设，就纳入了 HR 的最高议事日程。当企业理念进一步成为大家共同的认知之后，新生代员工的成长便进入自觉阶段。这时，HR 需要对他们进行"心灵浇灌"工作，要善于培养员工修养，包括心态、精神与社会责任感等。其实这是在实践、发扬、扩展企业理念。最后，员工取得成就的时候，企业的制度对他们来说已经没有什么作用了，因为他们已经将企业理念内化于心，外化于行了。

实际上，HR 自己也在扮演着"弼马温"的角色。通过 HR 的规划和监督，可以消除新生代员工因重复性工作而产生的麻木和疲劳，更加积极地工作，从而增强企业组织的整体活力，提高企业组织的竞争力。

（2）基于"懒蚂蚁效应"的创新型人才管理新模式

在蚁群中，大多数蚂蚁都非常勤奋地寻找和搬运食物，只有几只蚂蚁在一旁四处张望，无事可做。这些整天不干活的蚂蚁被称为"懒蚂蚁"。当蚁群处于危险之中时，那些平时非常努力工作的蚂蚁束手无策，而"懒蚂蚁"却能立即挺身而出，带领蚁群转移到自己早已发现的新食物来源地。原来，"懒蚂蚁"将时间都花在了侦察和研究上，它们观察蚁群的薄弱环节，不断探索新的食物，以确保蚁群能不断获得新的食物来源。这种现象被称为"懒蚂蚁效应"。

在企业组织中也有"懒蚂蚁效应",企业中的创新型人才可称为"懒蚂蚁",一般员工可称为"动蚂蚁",他们都是企业不可缺少的组成部分,并且"动蚂蚁"式的一般员工的数量要比"懒蚂蚁"式的创新型人才多很多。一般员工的特性是更关注于眼前的具体事物,每天都在做着重复性的工作。对于一般员工,企业可以用比较单一的管理模式对其进行管理。而对于创新型人才来讲,有的企业往往认为他们懒惰、看上去整天无所事事,因而被称为"问题员工",这也就忽视了他们的自身个性及其工作的特殊性质。殊不知,"懒蚂蚁"在蚁群中是非常重要的!

为了适应企业选人用人的现实需求和企业人才战略的长远目标,忽视创新型人才的思想和管理方式必须改变,要对创新型人才采取新的管理方式并加以强化。

一是强化培养机制,逐步形成企业内部的创新型人才自我培养机制。第一,HR 在选人用人过程中,必须将企业的创新型人才培养模式与未来发展战略目标进行高度融合,保持更良好的人才供给,使创新型人才能够充分发挥其开拓创新的优势。第二,HR 要提高自身的人才识别水平,要对人才进行性格、能力及个人综合素质等各方面的考察,针对个人特点实行人岗匹配,以提升他们的工

作效率及企业的整体业绩实力。第三，在创新型人才引进及培养过程中，注重满足他们的"自我实现"内在需求，还要通过组建企业内部培训讲师团等方式对他们进行更系统化的创新性培训。这样的培训既可以节省企业外请咨询师和讲师等方式产生的高额培训费用，又可以调动企业与员工之间的互动性及积极性，让企业与员工拥有一致的发展规划及发展目标。

二是强化用人模式，尽最大可能地满足创新型人才的"自我实现"需求，从而最大限度地激发他们的工作积极性。为此，HR要做好三个方面的工作：第一，要根据创新型人才的自身特性及工作表现，结合岗位需要，实行人岗匹配机制，进一步完善科学用人模式，使他们在企业中人尽其才，保证他们的长效发展。第二，HR在配置人才资源时，要使人才在各自的岗位上各司其职，要让人力资源得到高效利用和发挥。第三，通过更多的企业内部培训，让创新人才能够得到重点培养及深入培训的机会，并注重理论与实践相结合，让他们学以致用，提高他们的实际操作能力。

企业在未来的发展过程中，创新将是引领企业发展的第一动力，企业的创新人才数量及其能力，将与企业未来自主创新发展日益紧密联系。因此，企业对于创新型人才的管理应采取更具针对性的新的管理模式，通过强化创新型人才的培养机制和强化用人模式，让他们为企业未来发展发挥出更大、更好的作用。

7. 着眼实战，创新企业人力资源管理体系

当下，互联网＋技术不断冲击着传统企业，给人力资源管理带来了新的变化和挑战。

具体表现在以下几个方面：

一是出现了有别于传统意义上的就业及劳动用工特点。如在就业方面呈现出一些新特点，如工作机会互联网化、工作任务项目化、工作方式弹性化、劳动关系多样化、劳动供给自主化等。同时，新业态下平台企业利用APP等线上方式，通过大数据、地理位置定位技术等进行工作管理，工作准入退出灵活、工作自由裁量权大、劳动所得主要由平台规则决定、劳动者的绩效考核由平台管理等。

二是"90后"和"00后"对工作和职场的理解发生变化。他们享受过父母辈提供的好生活，也会在步入社会后更加努力地生活。在职场观念上可能更偏向于自己创业，而不是替别人打工。

三是新型用工形式不断出现，对传统劳动关系认定标准提出的挑战。

四是工作方式越发灵活，模糊了闲暇与工作之间的边界。

五是传统人力资源管理强调员工的忠诚度，并通过升职加薪等实现激励。在新经济时代下，更多强调的则是合作共赢的关系。

六是传统模式下的人力资源管理已不能满足新经济时代下的人力资源管理需求，亟待进行人力资源管理的变革。

七是新经济时代，就业观发生变化，导致从业者就业不稳定职业发展的持续性较差。且新经济时代面临着知识经验的高速淘汰和迭代的风险，企业既需要不断地对员工进行培训，又要有效防止员工流失。

综上所述，在新经济时代下人力资源管理应主要侧重采取以下措施：

一是调整观念，转变自身工作职能，从以往单一管理型职能转变成管理加服务的综合性职能。

二是企业人力资源管理不仅要体现出制度的严明，还要体现出企业对人才的人文关怀。

三是实现企业人力资源管理信息化。设计一套自动化的大数据对比系统，利用大数据资源库，对人才资料进行统计和审核分析，这样就能够有效提高人力资源管理的工作效率，实现对人才、对员工的精准式管理。对内实现信息平台的创设，对晋升、考核信息进行发布，激励员工努力提升自己。对外通过信息化管理实现企业外部形象的展示，提高企业在人才市场中的竞争地位。

四是人力资源管理由职能型管理向决策型管理转变。人力资源管理将从传统的工作模式中走出来，将人才市场和企业需求数据信息的收集和分析作为工作的重点内容，通过数据的分析和处理，判断人力资源人才培养和激励的方向；选择科学的方法，使人力资源从服务型向决策型转变。

五是人力资源管理坚持以人为本的个性化管理。

六是 HR 从业人员带入互联网+思维企业内部，提高人力资源管理的专业技术水平，适应新时代经济下的动态人力资源管理方式。

七是创新人力资源管理模式，对人力资源管理方式进行转变。

八是加强与企业群团组织间的合作与交流，发挥群团组织的积极作用，完善企业的沟通协调机制和民主参与机制。

九是积极与员工进行交流。在新经济时代趋势下，要强化对企业文化的渗透与联合，有效转变人力资源管理的模式，使人力资源管理的范围和内涵得到有效扩充。

第 11 章

部门破局：HR 与用人部门从相爱相杀到并肩作战

人力资源部门与用人部门意见不一致的情景总是反复上演，HR 该如何破局？在企业人才招聘这件事情上，两个部门之间的关系就像左手和右手的关系，分工不同，各有侧重。企业招人以及防止人员离职，不是"一只手"就可以完全解决的。所以，HR 和用人部门主管都应明确自己的定位和职责，密切配合、相互协作，这样就不会发生相互抱怨和推诿的事情，招聘工作也就变得不那么难了。

1.HR 与用人部门之间的分工与协作

人力资源部门和各个用人部门是企业极为重要的组织单元，HR们和用人部门的主管应相互了解对方的工作，破解对应聘者看法不一的问题，针对具体情况采用不同的分工协作策略，加强在整个招聘过程中的分工与协作。

（1）双方应相互了解对方的工作

HR与用人部门相互了解对方的工作是合作的前提。HR应清楚各用人部门工作内容及用人需求，用人部门也应该掌握人力资源管理的相关技能。

HR如果不了解各个用人部门的工作，是一个业务外行，那么就不能更好地开展工作，也得不到用人部门的尊重。因此，HR应该充分了解用人部门及其各岗位的业务运作情况。比如，了解各个用人部门的业务结构及两者之间的逻辑关系；各个部门的内部岗位设置情况及各岗位工作内容、流程、工作周期、岗位素质要求；各个用人部门的绩效目标及实现情况；各个用人部门的人才规划及数量、素质方面的状况；各个用人部门的人员的成功特质都有哪些等。只有这样，HR才能对每个用人部门的用人计划和用人标准提出具有针对性的专业的建议与进行辅导。

用人部门也应掌握人力资源管理的相关技能。事实上，用人部门人员流动性大，很大的原因是他们与直接主管不合，根本原因是用人部门主管缺乏人力资源管理的能力。用人部门主管要避免以个人喜好选择人才，应该多强调人才的性格、知识、能力等各个因素的互补性；对于人才的甄选，除了要有专业知识以外，更重要的是要对应聘者的综合素质和价值观进行评估。此外，人才的选拔也要顾眼前需要，还要有战略眼光。只有这样，用人部门才能更多理解和重视人力资源管理工作，更好地与HR进行合作，才能执行好企业人力资源管理的各项政策制度，在保障本部门绩效的同时，提高对企业整体人才可持续发展的贡献能力。

（2）破解双方对应聘者看法不一的问题

在人员招聘过程中，有时候HR觉得还不错的应聘者，用人部门却说不行。HR否决的人，用人部门又从简历中找回来，安排那个人面试，并且有的还被录用了。HR也有时干脆将自己认可的人直接送到用人部门，但用人部门又向企业高层投诉说来的人太差了。像这样对应聘者看法产生分歧和存在矛盾点是比较常见的。为

什么出现这种情况？怎么解决？

出现这种情况，一般有以下几点原因：

一是没有统一的选人用人标准。没标准的情况在许多企业都有，他们选人用人全凭直觉及经验。没了标准，HR和用人部门看人的角度就会不同。比如，HR招人首先看到的是企业内部的基本情况，如薪酬、工作环境、晋升机制等，所以在选择人员的时候，更多的是考虑应聘者会加入企业的可能性，希望少做些无用功。而用人部门考虑更多的是希望招到一位业务能力强、有胜任力的岗位人员，最好是啥都能干，完全不用费心去指导或者培养的那种人，而不会考虑企业能否给予这类人员对称的待遇。除了看人的角度不同，还会出现理念不同（用人部门希望招到的人是优秀的人，HR可能考虑的是适合就行）、定位不同（HR可能因对部门业务不太了解，对于岗位定位出现偏差，而使招的人不太适合岗位要求。用人部门对业务了解，对市场不是很了解，要求招的人的市场可能很少，可能很难招到）、个性差异（面对同一个应聘者，可能有些人喜欢有些人不喜欢。HR招的人可能不符合用人领导的用人标准）等。

二是面试方法不一。即使制订了明确的面试标准，也并不意味着每个人对标准的理解是一致的。例如，一些企业的面试评价维度包括礼仪形象、求职动机、沟通与表达、情感管理等内容。如果对这些维度的评价没有详细的解释，也没有明确的区分标准，那么不同的应聘者会得出不同的结论。比如礼仪形象方面的评定，应聘者穿着正式大方的服装，有些面试官可能会觉得太矫揉造作，觉得应聘者不朴实，也会给出不好的评价。而有些面试官会觉得对方专业性强，素质好，给出较高的评价。

上述这些原因导致招聘难度加大，因而影响招聘成效。怎么解决？其实，最有效的解决方法就是采取针对性的措施：

针对选人用人标准不统一的问题，HR要和用人部门商量好，结合企业的战略，从任职资格、胜任素质等角度提炼出各岗位统一明确的面试评价维度。一是制订并不断完善岗位说明书。岗位说明书要明确规定岗位职责、工作内容、薪资待遇等内容。用人部门和HR要充分利用岗位说明书，有需要时要做出及时的调整。二是充分沟通。在用人部门提出用人需求时，HR要第一时间去与用人部门沟通，沟通要结合岗位说明书讨论具体内容，比如招聘岗位要求、部门对岗位的定位、部门对岗位的薪资定位等，这些都不能泛泛而谈，要讨论最核心的部分。同时，双方在沟通中也要了解此处招聘用人的理念、做法及应聘者本人的性格特点等，这些都是很有必要的。三是组建招聘小组。在招聘时要让用人部门充分参与到招

聘的整个过程中来，包括简历的筛选、面试、复试等环节。四是完善企业规章制度。企业有招聘需求时，用人部门和HR充分沟通，共同讨论招聘事宜。五是完善招聘流程，要建立合理的招聘申请和审批流程。六是要有良好的工作心态。HR不要因为招人意见不同和用人部门争吵，要调整好心态，积极地与用人部门进行沟通。

对于面试方式的问题，最好采用标准的结构化面试方式。对于每个评价维度，应该向考官小组中的每个面试官说明如何提问和如何观察。大家都使用相同的面试评价维度，在面试中给同一个人打分，最后根据平均分进行招聘。让不同的人面试同一个申请人，结论应该基本相同。在应聘者过关环节，HR和用人部门主管分工不同，考核重点也不同。只有HR说"OK"了，部门主管才能面试。如果部门主管认为不合适，需要反馈给HR应聘失败的原因。这样的分工之下，一旦应聘者将来不适合这份工作，就可以检讨是HR还是考核造成的还是部门主管的考核造成的，也能据此知道哪些方面需要改进和调整。此外，每位面试官的提问方式、身体动作和语言语调也会影响应聘者的表现，因此应该对所有面试官进行培训，通过模拟考核后，可以成为面试人员，以保证面试方式乃至标准的一致性。

（3）针对具体情况，采取分工协作策略

在企业的日常招聘过程中，会出现许多意想不到的新问题。HR和用人部门应根据具体情况采取不同的分工协作策略。要根据各自在招聘评价方面的优势，进行相应的分工与合作，以最高的效率为企业招聘。

HR的优势在于对企业的整体战略和人力资源战略都很清楚，并积累了一定的招聘技能和经验，因此在招聘过程中应该从企业整体战略和人才综合素质的角度来把握应聘者是否合适。用人部门应对本部门的实际业务工作有了更好的了解，对相关工作的内容和结构也有了清晰的了解，在招聘过程中应该从知识、技能和经验的角度来把握员工的专业素质是否适合岗位。

比如，对于应届毕业生等后备人才，主要是考核其综合素质。HR应牵头组织招聘和选拔，并在试用期满后，根据员工个人意愿和企业发展需要，有计划地进行人才配置和调整。对于技术、销售、生产、物流、金融等基层人才，HR应在综合素质评价的基础上，建议用人部门对人才进行专业素质评价，再经HR和用人部门共同认可后录用。对于企业中层管理人员或关键人才，由用人部门主管和HR共同面试，最终由企业总经理面试决定。对高层管理人员，由HR猎取，企业总经理面试后推荐，报企业董事会批准录用。

(4)双方在整个招聘过程中的分工与协作

招聘流程最能反映 HR 和用人部门的分工与协作情况，在这个过程中，双方应该努力理顺关系，让招聘真正收到理想的效果。

在需求分析环节，提出需求的人应该是用人部门主管。所以在需求分析这个招聘的起点，部门主管要搞清楚这样几个问题：什么岗位要招人？这个岗位是不是一定要招人？是外招还是内选？什么时候招到位？岗位描述是否清楚？岗位胜任力标准是否明确？谁来参与面试？与此同时，HR 要主动找部门主管进行沟通，就以上的问题进行讨论并达成一致的意见，最后确定招聘过程中的角色分工、招聘时间计划、面试内容等问题。

在人才寻访环节，用人部门主管可以向 HR 提供应聘者的来源企业或其他应聘者目标。如果有这些企业人员的联系方式，也需要提供给 HR；对于 HR 提出的专业问题，部门这个时候需要及时给出答案，帮助 HR 了解本岗位的专业知识，并在查找过程中定期与 HR 沟通信息和交流相关问题。HR 通过各种渠道发布招聘信息，有人才库的可以从中搜索，高端人才可以通过猎头、朋友圈、内部人员推荐等方式挖掘。HR 应在规定的时间内向部门主管提供应聘者的简历，定期汇报人才寻访进展情况，讨论寻访中存在的问题和对策。

在简历筛选环节中，用人部门主管一定要按照岗位胜任力标准来进行筛选,而不是凭感觉和喜好,并且在两个工作日内反馈 HR 筛选结果,反馈意见要详细、具体,而不仅仅是"是"或"否"。HR 在给部门主管推荐简历前,先要进行初步筛选,一般采用电话的方式进行初步面试,核对应聘者的信息真实性和全面性情况,初步判断其是否与目标岗位匹配。将简历推荐给部门主管后,要跟进部门主管的反馈意见,一般要在两天内了解筛选结果,并了解入围或淘汰的原因,听取部门主管的意见,修正并统一筛选标准。

在面试选拔过程中,面试前,用人部门主管和 HR 应共同确定面试官、工作分工、面试时间、地点和过程等事宜,详细阅读应聘者简历,按照岗位能力标准设计面试问题。双方一起共同制订面试指南,供所有面试官参考。HR 要与应聘者沟通,确定面试时间和地点,组织安排面试,准备面试材料(简历、评分表、面试问题等)。在面试过程中,部门主管将根据面试指南,对应聘者的技能、价值观、意图、动机等进行提问和评价,并记录面试关键信息。在面试过程中控制面试过程和时间,保持面试焦点不受干扰,回答应聘者提出的专业问题。HR 参与面试,主要针对应聘者的价值观、动机、个性等方面进行提问和评价,并回答应聘者对企业一些情况的提问。面试结束后,用人部门主管和 HR 应组织其他面试官在三个工作日内就对应聘者的评价结果一起进行沟通,确定是否录用。

HR应收集面试官的面试评估表，在三个工作日内将面试结果反馈给应聘者，后续要与未录用的应聘者保持联系并将其纳入企业人才库。

在录用环节中，如果应聘者对专业问题有疑问或者对是否加入犹豫不决时，用人部门主管可以与应聘者进行沟通，解答问题，对企业背景和个人发展的平台进行宣传，争取应聘者加入，以最快的速度进行录用审批。HR开始走录用流程，必要的时候进行应聘者历史薪酬和背景调查，制作录用审批表，与决策层确定应聘者的薪酬、福利、试用期等相关事宜，与应聘者进行薪酬谈判，解答应聘者问题，打消应聘者顾虑。确定后发放录用通知书，并在报到前及时关注应聘者动态，定期电话沟通，保证应聘者顺利入职。

在入职环节中，应聘者正式入职前，用人部门主管要准备好《岗位说明书》、新员工入职培训资料《入职指南》等，便于应聘者尽快熟悉企业，胜任工作。应聘者入职当日，部门主管要与其进行正式的面谈，介绍部门业务、岗位职责，说明岗位目标和业绩期望，并将其正式介绍给部门其他员工。应聘者入职后，部门主管要定期对其进行系统的培训，并指定老员工作为责任人对其进行引导，试用期内评估应聘者表现，及时解答问题，帮助其成长。HR按照企业入职流程，给应聘者办理入职手续，尤其需要注意的是核对应聘者的体检结果、身份信息、学历证书等资料。同时要定期与

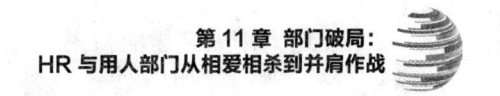

应聘者进行沟通，帮助其尽快适应企业和岗位。

在整个招聘过程中，用人部门不能越过 HR 自己任命人才，否则企业应该依照人员的规章制度，追究用人部门的责任。若企业还没有相应的制度，那么，HR 和用人部门就要进行充分地沟通，否则危害很大。因为用人部门自行任命是要负法律责任的，而任命的这个人有可能与竞争对手在先签有协议，那么就会给企业和自身带来损失，类似这样的事曾活生生地上演过。用人部门自行任命，存在没有签合同、薪酬无法发放等问题，反而会给自身带来各种纠纷。因此，应综合 HR 和用人部门两方面的意见作为录用的最终依据。在最终用人决策方面，由用人部门决定。因此，HR 应对招聘达成率负责，用人部门应对录用人员的岗位胜任负责。此外，员工的工资应由用人部门建议，HR 最终审核并沟通确认。

2. HR 与用人部门沟通须遵循的四项原则

很多企业通常在招聘方面的通病是工作缺乏系统性，同时也缺乏 HR 与业务部门有效的沟通合作。比如 HR 提出的人选被用人

部门否决，很重要的原因是双方不在一起办公，对招聘工作缺乏沟通，而用人部门提出需求后 HR 也没有系统的分析和建议，双方对需求岗位的用人标准、招聘测评方式等也都未达成基本共识。这样，在招聘过程中必然会产生分歧。

人才招聘与配置，是人力资源管理的起点，人才获取的质量决定整体人力资源管理的成本大小和效益。而人力资源招聘也是一个系统性很强的部门，需要 HR 与用人部门通力协作。为了减少分歧，加强协作，双方要充分沟通、有效沟通，对于基本问题达成共识，让协作更有成效。双方须遵循以下四项沟通原则：

（1）HR 要深入用人部门，了解用人需求

HR 有时会遇到用人部门期望值过高，难以在市场上找到合格人才的问题；或者这些人才的期望待遇远远超过了用人部门给出的工资水平。面对这样的问题，HR 首先需要反省一下，看自己是否真正了解了用人部门的需求。所谓"技术专才"，用人部门未必需要一个多面手人员，即使想招多面手，这个人也必须有最突出的一面。HR 可就此与用人部门进行沟通，列出用人部门所需人员的主要能力。为此，HR 应参加用人部门的日常会议，感受其工作状态，或参与用人部门与应聘者的面谈，以便更好地了解用人部门的真实需求。通过这样的亲身经历，在招聘时，HR 就可以根据用人部门的主次能力需求

来选拔人才。

（2）HR面对用人要求，应该坚守底线

有时候用人部门会提出多种多样的要求，但HR自己应该守住内心的基本底线，这个基本底线就是企业的价值观，还有应聘者的性格测评及他（她）的职业观等。例如，有的职位对竞业的敏感性要求比较高，这时就需要HR慎之又慎地选拔相关人员，即使用人部门没有提出这方面的相关要求，HR也要守住这条底线。

（3）HR要避免主观，注重用证据说话

有些HR尤其是新手经常会因"到底该去哪里找人"而烦恼，其实，如果真觉得人才无处可寻，不妨向你的上司或者前辈询问一些指导意见。如果你确定是用人部门要求"过高"导致了人才难以寻觅，那么在和用人部门沟通时要十分注意，你的职责和工作是协助用人部门招到合适的人才，而非告诉用人部门主管应该怎样，除非你有证据。如果你尝试说服用人部门主管，最好有坚实的证据。例如，列出他们部门需要的人才在市场上的大致分布和"性价比"状况，要在掌握第一手资料后再去和他们沟通。与部门主管协商时，应出具一些更可行的人才要求资料，同时让部门主管一起参与招聘。对于专业性很强的领域的职位，不妨让用人部门自己的员工推荐一些人才。同时，HR还可以想其他方法增加人才的输入途径，

比如向内部招聘选拔推荐、猎头推荐，等等。

事实上，一场有效的招聘离不开 HR 和用人部门主管的密切配合。无论是在前期 HR 对用人部门的组织结构和具体岗位信息的掌握和了解，还是后期对每个应聘者的面试和选拔，都需要双方共同努力配合，以达到预期的效果。在这个过程中，HR 作为懂"人"的一方，应该在沟通中更加主动，并起到引导作用，由此也可以全面地展示自己的职业素质。

（4）HR 要发布的招聘信息要体现专业性

HR 发布招聘信息是企业与应聘者之间的第一次对话。应聘者是否选择企业，这次对话的印象是重要决定因素之一。事实上，一个好的招聘广告不仅能对应聘者产生较大的影响，也能对企业形象的整体塑造和提升产生相当大的影响。因此，HR 除了要使招聘广告信息全面、合法，还应注重专业性。此时，与用人部门的沟通就是必不可少的，因为毕竟用人部门对职位的具体情况和整个行业的特点有更好的了解，因而往往能够正确提出人才能力和专业素质的要求，这对 HR 来说无疑是至关重要的。此外，全面细致并且专业性很强的招聘广告也将有利于 HR 展开后期工作。

3. 协调用人部门主管，俘获更多匹配的人才

一个成功的 HR 必须与企业的用人部门主管建立密切的合作关系。有效的人力资源管理有赖于用人部门主管和 HR 的合理分工与合作，正如对学生的教育需要学校和家长明确的分工与密切合作那样。那么，HR 如何协调用人部门主管，为企业俘获更多匹配岗位的人才？

（1）HR 为什么要协调用人部门主管进行招聘合作

在许多 HR 的眼中，部门主管与其说是自己的同事，倒不如说是自己的客户，每天都要提出各种各样的要求，还总是不满意。其实这不是一种健康的关系。部门主管和 HR 都是为企业服务的，他们之间并不是谁附属于谁的关系，而是相互合作的平等关系，招人的最终目的不是为了让部门主管满意，而是为企业招到合适的人才并人尽其用。所以，HR 不要还保持这种老旧的观念，在招聘中要拿出合作者的姿态，与部门主管建立更多的合作，共同推进招聘的进程。

事实上，HR和部门主管合作并不难。优步应聘者进入企业后，HR和产品总监会根据不同的招聘职位，指派不同用人部门主管参与面试，以使招聘更有针对性和效果。亚马逊新员工进入企业后，HR将组织一次非正式会议，邀请CIO（首席信息官或信息总监）与新员工面对面交流，以便用人部门更好地了解这些新员工的背景和才能，为用人部门明确企业的组织结构特别是人才缺口和需求。而HR在寻求新的人才时，也会依靠用人部门主管带来新的应聘者人选，因为他们有更强烈的号召力进行人才搜索，这实际上解决了大多数HR最头疼的问题。

（2）HR是这样配合用人部门，参与招聘合作的

是否所有的部门主管都能够像优步和亚马逊的部门主管那样，心甘情愿地花费精力参与招聘呢？其实未必。那么HR如何调动部门主管参与招聘合作？资深HR在这个问题上有许多经验可以学习借鉴：

一是把招聘数据私下给部门主管。比如在某次招聘中，HR在计算了招聘的成功率后，可以把统计数据私下给部门主管分享。因为部门主管的招聘成功率很多时候不如HR的高，所以私下给每一个部门主管看招聘数据是一种更温和的沟通方式，这样既不会造成尴尬，又能给他们适当的"压力"。当然，给他们看的还可以有其

他指标，如部门录取雇用的比例、员工推荐的比例、面试录用率的数据等。

二是真诚邀请部门主管协助。如果一项招聘活动被认为不能在企业规定的时间内完成，部门主管和 HR 都会非常尴尬。时间紧、任务重，怎么办？HR 应该把招聘的难处告诉部门主管，并真诚地邀请他予以协助。一般来说，部门主管都会用积极的态度予以配合，毕竟招不到人自己的部门也会忙得团团转。

三是唤起部门主管的责任感。招聘指标更多的是针对 HR 的一个考核指标，那如何能唤起部门主管对招聘的责任感呢？一个有效的方法是奖励那些做得好的部门主管。比如，给那些做得出色的部门主管发送邮件，表达赞扬和感谢。最有效的是将部门主管在招聘中的表现纳入绩效考核。如果 HR 能表现出对部门主管的认可，再加之实质性的鼓励，后者往往都很愿意配合。

四是把拥有招聘技能列为录用标准。HR 可以在面试时关注一下应聘者对招聘的看法，评估一下应聘者潜在的识人能力，这样他们入职后一旦成为用人主管，一定会更有效地辅助 HR。把招聘技能作为录用考核的一个标准，也是间接暗示现在的部门主管：招聘是一件值得重视的事。

五是激发部门主管的兴趣。HR 如果只是站在自己的角度自说

自演，是不能打动部门主管的。事实上，部门主管们最在乎的是如何快速招到优秀的人，所以 HR 在与之合作时一定要反复强调速度和质量，这样才能激发他们参与进来的热情。比如 HR 可以问部门主管，你想知道那些快速招到人的部门主管都做了什么吗？一般的部门主管都会有所好奇，这时 HR 就可以把希望从部门主管那里得到的支持一一列出，部门主管看后就会想：有道理，我也想做个能快速招人的部门主管！于是兴趣就被激发出来了。

4. 召开招聘需求沟通会，推动招聘合作成功

HR 在招聘开始前组织用人部门召开一次招聘需求沟通会，将有助于 HR 和各个用人部门建立相互信任的关系。HR 利用这一机会与部门主管进行专业性的沟通，不仅可以明确各部门的用工需求，还可以展现自己的专业性和领导力，让自己成为各个用工部门的"战略合作伙伴"。HR 以招聘需求沟通会清单的形式提供的会议内容框架，将有助于收集信息和控制会议节奏，而且可以借此机会进一步建立信任，为做好后续跟进工作打下基础。这是 HR 和部门

主管成功合作的一个秘诀。

（1）明确招聘需求：哪个岗位招人？需要什么样的人？

HR招聘前一定要了解岗位，但这种了解远远不止是对岗位的基本任务和挑战，更重要的是该岗位的核心业务要求及这个岗位员工在团队中所担任的角色。而这些信息，HR需要从部门主管的口中获得，并在获得信息的过程中与部门主管达成一致意见。例如，这个岗位的背景和业务要求是什么？这个岗位对团队发展有何贡献？有合适人选的个人资料吗？该岗位员工的职业发展道路是什么？等等。通过这样的问题，部门主管可以更加认真地考虑该岗位的基本需求，HR可以就此与部门主管达成共识。

为了充分了解岗位需求情况，HR还应了解用人部门的其他成员和利益相关者是否知道设置了这个岗位。在很多情况下，用人部门的其他人员根本不愿意看到有这样一个岗位，这反映出这个岗位会牵涉到复杂的利益，导致混乱的"办公室政治"。HR如果不了解这些情况，不明白其中潜在的利害关系，那么再努力工作都将是卖力不讨好。

（2）统一招聘条件：应聘者的必备条件和加分条件

在和部门主管沟通出一个大致的应聘者画像后，HR要让这个画像更加清晰具体、有棱有角。职位的基本要求与部门主管心目中

的理想应聘者情况大多都是有区别的，在部门主管给出的岗位要求中，应聘者必备条件与应聘者加分条件常常是混淆的，因此没有一条对应聘者的基本要求线，这个时候，就需要HR和部门主管一起将，把这条线给画出来。

HR需要和部门主管一起梳理应聘者需要必备条件，确保其中涵盖教育水平、经验水平、技术证书以及其他硬性指标，并且对每一项指标的可替换性进行质疑，比如，经验丰富是否可以弥补学历的不足等。满足了基本要求线，应聘者提供的其他能力或经验就是锦上添花的加分条件。如果这些招聘条件没有统一，以后的工作就可能被主观性和偏带偏。

（3）培训面试团队：进行专业的面试技能培训

面试官的面试能力不用说是非常重要的，所以HR在平时就应该了解所有面试官的面试能力是否达标。用人部门给出招聘人员的需求后，HR应立即着手提升用人部门面试团队的能力，尽快培养出其合格招聘、无意识偏见和包容性招聘等面试技能，也便于面试官有更多的时间做准备，去适应即将开始的面试工作。

（4）管理招聘预期：建立信任，确保协作

招聘需求沟通是最重要的目标之一，就是与用人部门建立信任。一次开诚布公、具体务实的讨论足够建立起初步的信任，而后

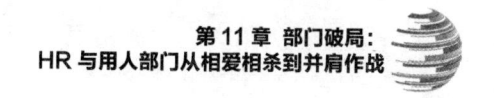

续的合作也将延续并巩固这种信任。

首先，HR需要与用人部门主管讨论一些具体问题。例如，这个职位应聘者的选拔是否可以优先选择？预计在什么时候举行第一次面试及最后一次面试？是什么规模的面试？需要几轮面试？如何跟进招聘流程？员工入职进度和员工工作情况的反馈会是怎样的？其次，HR需要花些时间了解部门主管的期望，让他们了解招聘市场的实际情况和可能会遇到的挑战。通过相互了解，达到相互理解，这样才能在招聘过程中相互积极配合、密切协作。最后，HR应确认部门主管在招聘期间是否有假期或其他休假计划，避免影响甚至延误招聘工作。

（5）做好跟进工作：HR要与部门主管步调一致

招聘需求沟通会的结束是先前准备工作的终点，但也是后续招聘流程的开始起点，HR还需要考虑下一步行动。首先，HR可以向部门主管发送邮件，总结本次会议要点，并在招聘沟通会议结束后的一周之内安排跟进工作的时间。这段时间可以用来完善招聘策略，讨论哪些是可行的，哪些是不可行的。在这个过程中，要确保部门主管可以把握合规问题，例如发现部门主管或HR认识这个应聘者时该怎么做？在此基础上，要建立每周一次或两周一次的会议制度，及时讨论招聘过程中的问题。这将有助于部门主管随时了解

招聘过程，增强他（她）对招聘的信心。进入面试阶段后，HR还应及时跟进，收集各个部门和所有参加面试的面试官对每位应聘者的反馈意见。后续工作做到位了，大家都准备好了，都愿意推进招聘工作进程，那么招聘的整个过程也就会顺利得多。

第 12 章

管理方略：HR 人才管理六大策略与方法

人才管理的重点在于创造人才发展的良好环境，从而使人才的素质、能力得以提高，也更有利于才能的发挥。不难看出，这是一项综合性的活动，也是一种高层次的活动。本章将人才管理分为五大策略与方法，分别是：改善生产力、战略性人才管理、改善成功创新、员工发展和留任、用高效业务工具管理人才。HR 如果能够熟练掌握这些策略与方法，就能在人才管理方面形成相对优势。

1. 改善生产力：机制 + 管理 + 激励 + 分享

在全球疫情发展和经贸形势不确定的背景下，在经济环境日趋艰难的情况下，劳动力优势逐渐下降，改善生产力已成为企业的紧迫任务。作为人力资源管理者的 HR，该如何从企业的人和组织的角度为提高生产力和创造可持续利润做出贡献呢？

事实上，从 HR 的角度来看，企业存在着大量的生产力浪费的现象。比如，由于管理者能力的缺乏，他们往往会做出错误的决策；员工离职率持高不下；信息不准确、不透明，导致出现错误的决策甚至不作为；一些不必要的工作流程带来的浪费；仍然依靠人力而非技术手段来提高工作效率等。

面对大量的生产力浪费，HR 其实可以做很多事情。例如，采用灵活的远程工作机制，找出生产力阻碍因素并予以消除，充分利用金钱以外的激励手段促进生产力，支持员工分享实践经验等，这些都是改善和提高企业生产力的有效措施。

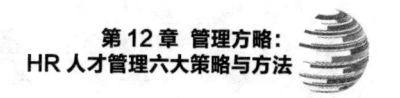

（1）机制：远程办工和弹性工作制

让员工远程办公或采用灵活的弹性工作制，让员工自行选择最适合发挥生产力作用的时间和地点，这些措施对改善和提高生产力是行之有效的。

事实上，在疫情之下，远程办公已经变成每个人的必备技能。不仅如此，在经历了此次疫情之后，远程办公也很有可能成为未来新的工作方式。而在远程办公状态下，员工的工作与生活常常没有边界，不少员工家里还有一二个"熊孩子"。而HR方面无法与员工面对面沟通，把复杂的事情沟通清楚，也很考验HR的表达能力。这些都可能影响员工的工作效率，因而形成新的生产力浪费现象。面对这些挑战，HR该怎么做？一是提升全员远程协作意识。HR可以组织全员学习，宣讲远程办公的沟通、管理、协作技巧等。二是帮助员工快速进入工作状态。HR要以开发培训课程的思维，进一步带领大家梳理疫情爆发以来的负面情绪，减轻信息爆炸带来的心理冲击。好心态既是免疫力，又是生产力。三是深度沟通，保持信息同步。远程办公的关键是协作，而协作最大的挑战是沟通和管理，不过这两个挑战都可以通过视频会议来解决。早会沟通计划，快速进入工作状态；晚会总结工作，及时交流工作进度。

弹性工作制历来就是一种灵活的工作方式，例如谷歌和3M早

已因给员工提供"自由时间"而名声在外。疫情之下采取这种方式,更是改善生产力的有效举措。弹性工作制给员工带来了更多的自由时间,使他们能够在最佳时间段进行创作和思考。当员工被允许控制自己的工作日程时,他们创造高绩效的可能性就会增加,有助于生产力和创新率的提高。

(2)管理:找出并消除生产力阻碍因素

影响生产力的因素有很多,主流经济学认为有资本、劳动和材料三要素。"现代管理学之父"彼得·德鲁克站在主流经济学三要素的基础上,提出了影响生产力的六因素,即知识、时间、产品组合、流程组合、管理能力与限制、组织机构与各项活动的平衡。这些因素将直接影响生产力,在许多企业中,这些仍在阻碍着生产力的提高。但面对这些,许多管理者并不了解该如何有效地提高生产力,他们只是认为提高生产力就是增大工作强度,延长工作时间,让员工更喜欢自己。消除这些障碍,无疑有助于提高生产力。

找出阻碍生产力的因素并予以消除,是一个企业中 HR 能够采取的影响最大的人才管理措施之一。HR 可以通过调查来发现企业生产流程中存在的阻碍因素,如过时的政策、资源分配不合理以及分配过程中被忽略的环节、过时的组织结构设计,等等。究竟是不是冲突因素,判断的方法其实非常简单且有效,只需在调查中问问

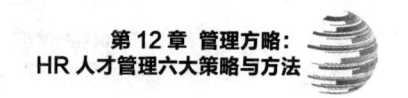

"达到这个目标有什么困难"就会清楚了。困难就是阻碍因素，然后制订有针对性的新的流程解决方案。

（3）激励：非物质激励，促进生产力

采用金钱等物质奖励的做法，实践证明代价高、效果差。这说明了非物质激励有时候比物质激励更重要。除了实践的证明，其实还有理论上的支持。美国心理学家弗雷德里克·赫茨伯格在其著作《工作的激励因素》中提出双因素理论，认为工作富有成就感、工作本身带有挑战性、工作的成绩能够得到社会的认可、职务上的责任感和职业上的发展与成长，都可以是重要的激励因素，这些因素的满足，能够极大地调动员工的积极性。

高明的HR会灵活运用目标、晋升、赞赏等非物质因素激励员工，促进生产力发展。非物质激励方法非常多，常见的主要有权力激励、目标激励、参与激励、培训激励、晋升激励、情感激励、荣誉激励、榜样激励、挫折激励，以及尊重、赞美、沟通、兴趣、给员工选择工作、鼓励员工提出解决方案和计划并采纳、不轻易否定员工提出的想法等成长激励。这些方法能更有效地激励员工，促进企业生产力提高，有利于企业的稳定发展。

（4）分享：支持员工分享实践经验

企业员工的实践工作经验是企业的宝贵财富。HR如果让员工

在企业内部分享工作经验，可以利用企业内部的社会性网络进行并提醒其他员工注意可能出现的问题，将有助某一个职能部门或业务单位改进工作，对于促进生产力有立竿见影的效果。

为了实现充分的分享，HR应该制订某些机制或规则。人的表达能力是多元的，有的员工可能不擅长说但可能擅长写，不善于写则可能有很好的PPT呈现能力。HR在制订机制或规则时不要局限于指定某一种分享模式，导致一些员工无法很好地展现自己，或因为沟通方式而产生屏障。不妨让优秀员工分享经验的渠道更加多元化一些。比如说，可以安排优秀经验美文分享，安排一个PPT讲解，安排录播一段视频解说，安排一个现场沟通会等等。总有一个模式适合这些优秀员工，这或许可以解决"分享不出来"这个难题。

当然，分享是需要正向激励的，这可能是解决"不愿意分享"这个难题的办法，在激励机制上或许有很多可以讨论的。有的HR制订规则，鼓励内部优秀员工去分享，让企业员工获得足够多的成长机会，并且采取相应的奖励措施，比如每场优秀分享奖励1000元，如果反馈好还有奖励。当然还有其他的非物质奖励，这些措施都能激励员工分享。

2. 战略性人才管理：人员管理+解决方案+找出冗员

企业除了业务战略最大的考量要素就是人才战略。企业的业务也是由人来做的，所以人才战略应该是企业的第一战略，即通过战略性的人才规划及管理，确保可持续的人才供应，以满足企业发展目标。《重新定义人才》一书曾经提出，企业要关注公平而不是平等性，关注战略性员工的敬业情况而不是针对全部员工，强调雇用有理想的员工而不是强调要做理想的雇主。这是人才管理的指导性原则，也是推进执行战略人才管理体系的总体框架。体现了对人才的战略性与前瞻性思考。

HR进行战略性人才管理，需要从具体琐碎的事务性工作中解放出来，专注于人才战略，围绕人员管理、解决方案和找出冗员这三个核心问题进行价值挖掘，以最大限度发挥人力资源的作用。

（1）人员管理：衡量并奖励优秀员工

企业人力资源部门是企业人力资源交付使用的主要渠道，作为

该部门主管的 HR 需要对人员管理成绩给予衡量并奖励，其流程所需的关键要素包括绩效管理、绩效评估、能力管理和奖励系统。人员管理工作是否完成得最快、最好，就看是否衡量并奖励了优秀员工。

在人员管理实务中，通过使用平衡计分卡这一最先进的战略实施工具，从财务、顾客、内部业务流程、学习与成长这四个维度来衡量并奖励优秀员工，可以极大地改善人员管理。比如在"学习与成长"这个维度，HR 通过对关键职位提供更多的职业指导以及在职业规划方面采用胜任力模型的方法，挖掘员工的最大潜能，不断地培养出最好、最优秀的员工，从而为企业持续提供人才供给。

（2）解决方案：提供整合式的解决方案

企业管理者希望在人才管理方面能有经过整合的解决方案。HR 必须为此将吸引与招聘、测评与评估、进行绩效管理、人才开发、员工继任、员工保留等不同的人才管理职能整合到一起，为管理者提供整合式的人才管理解决方案，以保障适合的人在适合的时间适合的地点做适合的事，从而使企业能够获得可持续性的人才供应。

以人才的胜任力模型为核心的一体化人才管理（亦称 iTM 人才管理），涵盖了聘用与安置、领导力发展、继任、绩效管理、培训和教育以及人才保留六个管理模块，整合人才评价、雇员调查工具等多种人才管理技术，形成了企业以人才管理为核心的一体化管理流程，它是HR进入人才管理阶段的最佳选择。

（3）找出冗员：业务视角+员工个体视角

当一个企业发现员工过剩时，有必要找出哪些岗位有太多的员工。实际上，最简单的方法是从企业的业务角度和人员的个体角度评估人员是否匹配。提前找出冗员，能够让HR有更多的时间去寻找解决方案，从而尽可能避免裁员。

从业务层面找出冗员，主要是看人员投入产出是否匹配的问题。既可以从过程指标来看，也可以从结果指标来看，即从员工的工作状态和员工的工作结果两方面综合评估。

从员工素质层面找出冗员，主要是评估人员是否与企业的用人标准或者人才标准有不相匹配的问题。在HR实践中，往往倾向于对人才的价值观以及结合具体的选人、用人标准进行评估，其中关键是要有明确的人才标准。HR可以通过建立员工胜任素质能力模型、岗位任职资格标准，或针对核心关键岗位，明确岗位高绩效人才画像的方式，对人才标准达成共识，为人员的任用、选拔和淘汰提供科学的决策依据。

3. 改善创新：制度设计 + 加强协作

企业能够不断地成功创新，必定会带来积极的财务影响，也将使企业拥有更旺盛的生命力。但有许多企业的创新落实下来之后并不让人满意，和理想状态还有一段距离。归根结底，这是因为许多的创新动作缺失了内部改善机制，导致创新过程中出现了一定的偏差。企业必须将人才管理工作制度化，并加强跨职能部门合作，从而在内部构建出推动创新、成功创新的土壤。

（1）制度设计：衡量、褒奖管理者

人才管理的创新不是一件容易的事，这不仅仅是因为创新本身是一个从 0 到 1 的过程，更重要的是管理对创新的影响。如果管理者能够积极促成人才管理创新，那么创新圆满完成的可能性将会更高；反之，则不利于创新。因此，HR 应将人才管理工作制度化，在团队成功进行创新时对团队管理者进行衡量和褒奖。

衡量管理者的管理行为的方式是否有效，是看他是不是从豪华套间办公室走出来，到员工中间、到工作现场，到一切与创新相关的活动中去，激励人才，促进合作，并让每一位人才参与管理。如果管理者真的像这样让管理行为无处不在，并且在其他管理者之中传授和分享最佳管理的实践经验，指点他们如何管理和改进创新，那么就应该给予管理者及时的奖励和广泛的褒奖。

（2）加强协作：排除阻力，加强合作

企业绩效的第一推动力是创新。在创新过程中，更多的合作可以促进学习，促使员工分享最佳实践经验，调动员工的情绪，为员工提供动力。

为了实现提供更多的合作机会，我们需要减少或消除创新活动中的障碍。要做到这一点，HR 必须制定切实可行的措施，如增加跨职能部门的互动和会议，并充分利用企业内部的社交网络，以便为更频繁和更深入的合作提供更多的交流和合作机会。

4. 员工发展和留任：内部安排 + 短期项目 + 防挖墙脚 + 员工待遇

发展和留任员工是 HR 的分内之事，实务中可以采取这样的做

法：主动进行内部安排，为人才发展提供短期项目，运用拦截策略防范挖墙脚，兑现对员工的承诺。

（1）内部安置：主动安排，做到人岗相适

企业从外部招聘人才其中的一个原因是内部人才流动不畅，因为许多关于调职和提拔的措施设计得并不好。比如，有的员工害怕主动请调会招致内部排挤，有的员工害怕调职后会因表现不佳而危及个人职业前途，这些情况都是采取措施不当导致的最终失败。

改善内部人员流动的最佳方法是内部安置。事实上，一个合适的岗位才能让人才尽心尽力去做事，这是人岗相适的问题。安置一个或多个内部人员到新的岗位，从而助力人才实现自我，也利于企业受益，这是战略性人事安排的关键。

（2）短期项目：提供机会，助力自我实现

为了给人才提供自我实现的机会，HR可以为人才发展提供短期项目，让他们在新的领域学习与成长以及拓宽眼界。

人才发展的短期项目相当于职位转换，如"180天人才发展项目"、"后备人才短期交流项目""CCO（首席文化知识官）人才发展项目"，等等。这些短期项目增加了人才需要完成的工作量，但同时也让人才能够自己掌控职业发展。如果这些短期项目足够精彩，人才会在繁忙的工作中挤出时间来参与这些项目。

（3）防挖墙脚：采取措施，限制外界诱惑

许多企业为了留人，常常以额外示好的方式留住关键员工。但从某种意义上来说，这是"治标不治本"的做法。最佳的留人措施是主动运用拦截策略，限制外界招聘人员诱惑企业的员工。

为了限制外界诱惑，HR 可以先尝试找出外界招聘人员都是用什么方法和措施来进行诱惑的，然后改善自己企业的员工体验，比如创造温馨如家的工作氛围，有望晋升的职业空间等，良好的体验可以有效抵消外界影响。让员工记录企业外招聘人员所选择的人员、方法和观点，然后给员工适当的奖励，这也是限制外界诱惑的一个办法。

当然，改善员工体验需要在流程、制度、文化等各个方面实现提升。激烈的竞争有时候看似残酷，但也倒逼企业苦练内功，这个意义就很大了。

（4）员工待遇：建立机制，确保实现承诺

员工留职率上升其实有很多有力措施在背后支持，其中管理者兑现了曾对员工许下的承诺是一个主要原因。这其实为 HR 的人才管理提供了一个改善的角度，即建立机制，确保兑现承诺。要想留住人才，光靠高效沟通、给予挑战和成长空间等手段其实是不够的，还必须建立高层监督机制来确保实现这些承诺。

HR可以让企业中更高级别的领导者监督兑现情况，这样会收到很好的效果。这是因为，高层领导者只需随机询问员工是否满意地得到了当初管理者承诺的待遇，即可真相大白，这就能迫使那些当初许下承诺的管理者们定期检查兑现进展情况。

5. 用高效业务工具管理人才：优先级排序 + 社会化媒体 + 风险分析

现实中，一些企业由于运用了高效业务工具来管理人才，因而在人才竞争中获得了先机优势。本书前面介绍过的 OBER 法则、STAR 追问法、岗位胜任力素质模型、平衡计分卡等都是从不同维度进行人才管理的高效工具。这一节讨论优先级排序、社会化媒体、风险分析这几个工具。

（1）优先级排序：确定优先级别，衡量资源投入

企业领导常常会区分客户、供应商和产品之间的优先级别，对优先级别最高的那一个也会格外重视。从事人才管理工作的管理者中，也有很多人试图用同样的方法对待所有人。其实更理想的做法

是这样的：在人才管理服务时，将员工个人、职位、管理者和业务单位各作为一个单项，然后分清他们地位的轻重缓急，也就是确定优先级别。排序之后，将有限的资源集中到对业务影响最大的那一项上，或是个人，或是职位，或是管理者，或是业务单位，这样就能让有限的资源发挥出最大的价值得到最大的投资回报。

（2）社会化媒体：建立内部网络，发挥媒体价值

在竞争白热化的环境下，如何保证企业内部运营资料等商业秘密的安全性？企业外部的社会化的网络大环境下，如何避免内部员工有意或者无意地利用各种新型媒体传播平台将企业内部商业信息传播到互联网络？针对这种情况，首先必须做好企业内部网络防控，确保网络安全。

事实上，许多CIO（首席技术官）都试图限制员工使用此类工具，并代之以内部的社会化网络、社群、微博等信息化工具。作为高效复杂的现代管理工具，企业内部网络和社群、微博等信息化工具正在被越来越多的企业使用。实践已证明了这种做法是可行的。

（3）风险分析：聘请风险分析师，助力企业规避风险

风险分析是企业的一个不可或缺的职能，并且正变得越来越重要。事实上，企业因人手问题而导致的运营、财务等方面的风险极

高，但人才管理方面的管理者却极少能够从潜在的问题中找出相关风险并进行量化。在这种情况下，HR最好能从风险分析团队聘请一个风险分析师来进行专门的人才管理风险分析。根据风险分析师的分析结果，HR就能及时提醒管理者们可能面对什么样的风险，可能存在的潜在成本风险，这样有助于他们做好风险规避。

6. 新经济新业态下企业用工方式全解析

新经济新业态的发展，使得工业时代的劳动力集约化就业方式，正在向服务时代的分散化方式变革，导致企业的用工形式和办公模式也越来越多样化灵活化。尤其是在年初国务院及一些省市相继出台一系列对新经济新业态下的用工指导意见后，更是将企业用人方式进一步向多元化推进。本书最后从用工形式、办公新模式两个层面就新经济新业态下的用工方式做了一个全解析。

（1）用工形式

用工形式主要包括全日制用工、非全日制用工及外包式用工三种形式。

①全日制用工：即每日工作时间不超过 8 小时，超过这一时间的工作即视为额外劳动，用工单位需支付加班工资。累计工时每周超 24 小时就应该属于全日制用工。

全日制用工有标准工时制、不定时工作制、综合计算工时工作制三种形式。

A. 标准工作时间，是每天的工作时间相对固定的工时制，也是我国运用最为广泛的一种工时制度。根据相关法律规定，企业应采用每日工作不超过 8 小时、每周工作不超过 40 小时的标准工时制。但特殊情况下经法定程序，劳动者每日的工作时间可延长 1~3 小时，但每月延时累计不得超过 36 小时，且用人单位应保证劳动者每周至少休息 1 日。

B. 不定时工作制。没有固定工作时间的限制，主要是针对因生产特点、工作性质特殊需要或职责范围的关系，需要连续上班或难以按时上下班，无法适用标准工作时间或需要机动作业而采用的一种工作时间制度。用人单位可以根据实际需要采用集中工作、集中休息、轮休调休、弹性工作时间等适当方式，以确保该工时制下的职工能够享有与标准工时制职工平等的休息权。也是中国现行的基本工作时间制度之一。企业对符合下列条件之一的职工，可以实行不定时工作制：企业中的高级管理人员、外勤人员、推销人员、部

分值班人员和其他因工作特点无法按标准工作时间衡量的职工；企业中的长途运输人员、出租汽车司机和铁路、港口、仓库的部分装卸人员以及因工作性质特殊，需机动作业的职工；其他因生产特点、工作特殊需要或职责范围的关系，适合实行不定时工作制的职工。

C.综合计算工时工作制，是分别以周、月、季、年等为周期，综合计算工作时间，但其平均工作时间和平均周工作时间应与法定标准工作时间基本相同。其仍以标准工时制为基础，虽然劳动者具体某天、某周的工作时间可能超过8小时或40小时，但在一个计算周期内，劳动者的日平均工作时间及周平均工作时间仍为8小时、40小时。也是中国现行的基本工作时间制度之一。企业对符合下列条件之一的职工，可以实行不定时工作制：交通、铁路、邮电、水运、航空、渔业等行业中因工作性质特殊，需连续作业的职工；地质及资源勘探、建筑、制盐、制糖、旅游等受季节和自然条件限制的行业的部分职工；其他适合实行综合计算工时制的职工。

值得注意的是，不定时工作制和综合计算工时工作制实施人保行政部门批准制度。但因各地政策不一致，有些是不需要进行批准的，具体可向当地人保行政部门进行咨询。如北京劳动争议审理实践，对于企业高级管理人员工作时间一般采用不定时工作制进行审

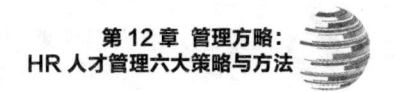

理，无须进行批准；深圳不实施不定时工作制。

②非全日制用工：指以小时计酬为主，劳动者在同一用人单位一般平均每日工作时间不超过四小时，每周工作时间累计不超过二十四小时的用工形式。这一规定对非全日制用工作了界定。根据《劳动合同法》对非全日制用工所下的定义，可以看出，非全日制用工有以下特点：其一，以小时计酬为主。即非全日制用工采取的是按照劳动者工作的小时数计算劳动报酬，而不是像全日制劳动者那样采取按日或按月计酬的方式。这种计酬方式是由该用工形式每日不超过四小时的特点决定的。其二，劳动者在同一用人单位一般平均每日工作时间不超过四小时，每周工作时间累计不超过二十四小时。即是说，该用工形式在同一用人单位平均工作的时间少于半天，一周不超过三个正常工作日。至于劳动者在另一个用人单位的工作时间，同样可能达到这个水平，总体上也可能达到与全日制劳动者相等的水平，但其仍然是非全日制用工。

这种用工形式具有如下特点：劳动者在同一企业工作的时间较短，平均每日不超过4小时，每周累计不超过24小时；对劳动者以小时计酬结算，支付周期最长不得超过15日；劳资双方有口头协议即可，不要求必须订立书面劳动合同；劳资双方不得约定试用期；劳资任何一方均可随时通知对方终止用工，且企业提出终止用

工的，不用向劳动者支付经济补偿金；劳动者的养老、医疗保险可由其他用人单位或其个人自行缴纳，但用人单位应为其缴纳工伤保险。

劳动合同法引入非全日制用工制度主要有以下考虑：第一，现实发展的需要。近十年来，随着我国经济结构的调整，非全日制用工作为一种新颖的用工形式在我国得到了较为快速的发展。第二，用法律形式来规范非全日制用工是国际上通行做法。国际劳工组织一向对各种灵活就业方式持肯定的态度。为了防止劳动者受到歧视和不公平待遇，国际劳动组织通过了《非全日制工作公约》和《非全日制工作建议书》。第三，有利于保护劳动者合法权益。由于我国劳动法中并没有关于非全日制用工的规定，因此非全日制用工是否有合法地位，从事非全日制工作的劳动者有哪些劳动权益以及如何保护这些劳动权益不明确，缺乏法律依据，给劳动者维护其合法权益造成了很大的困难。第四，有利于完善劳动合同制度。

全日制用工与非全日制用工作为被法律认可的两种用工模式，二者在工作时间、劳动报酬、劳动合同的解除以及经济补偿金等方面存在着显著差异。非全日制是一种极为灵活的用工形式，在一定程度上弥补了全日制模式下存在的用工刚性的缺陷，随着我国劳动力市场竞争的越发激烈，发挥了很好的缓冲作用，并逐渐成为企业用工不可或缺的一部分。

③外包式用工形式：是企业将需要比较多的劳动力，不涉及核心技术的工作承包给第三方企业办理。是企业整合用使其外部最优秀的专业化资源，从而达到降低成本、提高效率、充分发挥自身核心竞争力和增强企业对环境的迅速应变能力的一种管理模式。企业依法采取外包的用工形式有以下几种：

A.劳务派遣，又称劳动派遣、劳动力租赁，是指由派遣机构与派遣劳工订立劳动合同，由派遣劳工向要派企业给付劳务，劳动合同关系存在于派遣机构与派遣劳工之间，但劳动力给付的事实则发生于派遣劳工与要派企业之间。劳动派遣的最显著特征就是劳动力的雇用和使用分离。劳务派遣也叫作人事外包或者人才租赁等。劳务派遣一般在临时性、辅助性或者替代性的工作岗位上实施。派遣工一般从事的多为低技术含量工作，如保洁员、保安员、营业员、服务员等工作，劳动者一旦年老体弱，劳动能力下降，派遣单位就会在劳动合同到期后拒绝与其续签。一般经省市劳动人事部门厅批准可成立专业的人力资源服务企业，主营业务有人力资源外包，人力资源派遣以及通过招聘网为企业提供人才的供应信息，为个人提供求职登记，推荐工作；同时也为企业提供代理招聘会的举办，法律法规的咨询等工作。

B.劳务分包，多见于建筑施工领域，简单地说就是施工总包方

或专业分包方将其承揽工程中的劳务作业发包给具有相应资质的劳务分包单位的用工形式。劳务分包是现在施工的普遍做法。同时也是法律允许的。但是禁止劳务企业将承包到的劳务分包任务再转包或者分包给别的企业。值得注意的是，对于劳务分包单位必须具有相应的劳务资质。

目前，劳务分包仍然存在诸多不完善的地方。主要表现在以下几个方面：规范建筑工程劳务分包的法律法规不健全；各级行政主管部门对规范建筑工程劳务分包重视不够；劳务分包制度尚不规范，从事建筑行业的劳务工人合法权利得不到有效保障。

C. 岗位外包，是企业单位将某一岗位的所有人力资源工作完全外包给第三方人力资源服务组织，如员工招聘、培训、在职管理、离职管理、离职人员补充、员工各种突发事件处理、员工绩效管理等人力资源全过程业务外包给专业的岗位外包服务提供商。

与劳务派遣相比，雇主和员工之间没有劳动关系，只有人力资源服务组织购买产品和服务。雇主不再承担就业风险，更安全、更快捷。雇主可以将非核心业务完全外包给人力资源服务机构，协助完善企业的生产经营战略，提高企业核心竞争力，避免劳动争议，真正帮助企业降低成本，提高效率。岗位外包适用于企业劳务外包、金融服务外包、公共机构物流外包、仓储物流外包、零售终端

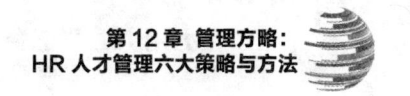

外包、互联网项目外包等，可以满足各行各业的外包需求。同时，人力资源服务机构拥有完善的人才储备，包括专业技术人员和普通应用人员，完全符合企业各类人才需求。

D. 居间服务，是居间人向委托人提供居间媒介的中间服务行为。日常中的房屋中介、金融服务中介所提供的就属于居间服务。

E. 行纪服务，指的是行纪人以自己的名义为委托人从事贸易活动，委托人支付报酬提供服务的方式。行纪人处理委托事务支出的费用，在双方无特别约定的情况下，由行纪人自行承担。

F. 灵活用工，等同于"灵活派遣"，是人才派遣服务领域的成长型产品，它由派遣企业全方位承担法定雇主责任，是公司在派遣人数确定、派遣周期确定、派遣人才的筛选方面都非常灵活的一种用工形式。灵活用工包括劳务派遣和社会化用工。"用人不管人，管人不用人"是派遣制用工形式的真实体现。派遣单位招聘和管理职工而不使用职工，用人单位使用职工但不招聘和管理职工。从法律关系来看，劳动者和劳务派遣单位签署劳动合同，劳务派遣单位和用工单位签署劳务派遣协议，涉及劳动者、用人单位（即劳务派遣单位）以及用工单位三方主体。双方遵循"风险共担、利益共享"的原则，建立平等的业务承揽合作关系。如社交电商行业店主与平台的关系，共享出行行业司机与平台的关系。

G.共享员工，是在新冠肺炎疫情持续影响下，一些暂时难以复工的中小企业将员工以共享模式进行短期人力输出的合作用工方式，是灵活用工模式的一次新尝试。2020年初在新冠肺炎疫情持续影响下，一些暂时难以复工的中小企业要为员工支付基本工资，压力很大。同时，由于网购需求猛增，线上零售企业门店员工、配送小哥职位出现大量空缺，于是出现了"共享员工"这一新的用工模式。随着在线零售行业为"共享员工"抛出橄榄枝，"共享模式"在各行业中不断产生新突破，逐渐从线上零售行业推广至物流、制造业等行业，该创新模式起源于广东东莞，并慢慢开始从一线城市向二、三线城市扩展。共享员工的做法让员工在企业之间临时流动，实现人力资源的再分配。"共享员工"的合作模式成为国内企业应对疫情进行积极自救的一次创新之举。中南财经政法大学数字经济研究院执行院长盘和林指出，"共享员工"在劳动力暂时过剩的传统餐饮业与劳动力暂时紧缺的新兴电商零售平台之间激发了劳动共享，传统餐饮企业、电商零售平台和员工三方都解了燃眉之急。

首先，对企业而言，巧用不同用工形式，用对用工形式，可为企业规避违约风险，更好地保障企业用工的合法性。其次，巧用不同用工形式，可为企业节约成本，提高效益。再次，巧用不同用工形式，能更好地调动劳动者的积极性，为企业创造更大的价值。

（2）办公新模式

办公新模式主要有 AB 角、居家办公、弹性工作、远程办公、虚拟办公室、临时办公桌、交叉工作几种。

① AB 角。是 A 角和 B 角之间形成一种独特的工作机制。从单一业务来说，由 A 角全权负责的同时，又让 B 角有所参与，双方共同执行。主体一方是 A 角，参与一方是 B 角，必要时能够相互替代。这种机制最常见于工作岗位的设置，以保证不会因为人员的缺失而造成工作的间断。

设定"AB 角"可增强岗位的后备力量；强化岗位交叉培训；防止人员因离职、出差、休假等情况出现岗位空缺，导致影响整个部门的正常运行。AB 角人选一般来说划分为"关键性岗位"和"一般性岗位"。部门关键性岗位需要设定 AB 角人选，一般性岗位不需设定。AB 角人选由部门负责人指定，经主管副总确认、报人力资源部备案后生效。AB 角确定后，一般应保持稳定。因人员、岗位变动等原因需要调整的，应及时调整，并在一定范围内公布，报人力资源部门备案。

②居家办公。是上班族在家基于互联网处理办公事务的一种办公模式。居家办公形式灵活，不用再起早赶车，也不用去企业打卡签到。甚至穿着睡衣在自己的起居室就能把工作完成了。当然，居

家办公环境嘈杂，缺乏适宜的办公环境，工作难以集中注意力；增加了组织监督、管理和控制的难度；同事间交流减少，缺乏团队意识，有寂寞感；减少了与专业人员和社会的联系。中国最早的一次大规模试验，应该是非典时期的阿里巴巴企业的试验，那次还是挺成功的。

③弹性工作。是在完成规定的工作任务或达到固定的工作时间长度的前提下，员工可以灵活地、自主地选择工作的具体时间，以代替统一、固定的上下班时间的制度。

弹性工作制对企业来说可以减少缺勤率、迟到率和员工的流失率；可以增进员工的生产率；增加了工作营业时限，减少了加班费的支出。弹性工作制对员工个人而言，在工作时间上有了一定的自由选择，可以自由按照自己的需要作息；由此员工感到个人的权益得到了尊重，从而能极大提高工作的满意度和士气。

但弹性工作制会给管理者的工作造成困难，并导致工作轮班发生混乱；当某些具有特殊技能或知识的人不在现场时，还可能造成问题更难以解决的现象发生。许多工作也不宜转为弹性工作制，如，百货商店的营业员、办公室接待员、装配线上的操作工。

④远程办公。是通过现代互联网技术，实现在家办公、异地办公、移动办公等远程办公模式。其有利于腾出和减少总部办公空

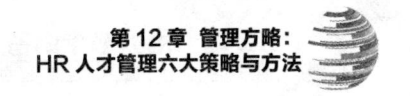

间及各项费用；在底工资区聘用员工，减少人工费用；减少交通时间、费用及减轻交通污染；工作人员在控制工作时间上有更大的灵活性；给企业提供更多的灵活性。

当然，远程办公也有其缺点，主要表现在管理者难以监督工作人员的工作；指令贯彻困难；难以进行监督和控制；员工缺少交流与联系，感到寂寞。

⑤虚拟办公室。它并不是虚拟的，是一个实际存在的办公室，现代化的虚拟办公室又叫服务式办公室或柔性办公基地。之所以称为"虚拟"，是因为这些自由职业者们只是偶尔在这里上班，通常会在自己家中或者企业上班，而他们又需要这样的一个实体办公室。虚拟办公室让员工拥有专业的企业形象，助员工轻松开展业务。虚拟办公室具有高移动性和灵活性，而员工所需支付的只是每月很少量的租金，并且可以按月支付，能够帮员工节省大量的现金流。可以有效解决中小企业资金不足、人员配置等难题，解决创业企业难以独立租用办公室和聘用专业秘书的难题；有利于提升企业形象；节省和减少工作空间和办公用品的耗费；实现国内、国际间的即时交流；工作信息便于存储、归档和发送。当然，虚拟办公室也有其缺点：需要投资资金购买现代化设备；难以控制任务和保证信息的质量；难以管制网络和保证信息的保密性。

⑥临时办公桌。是为在家工作、远程工作、弹性时间工作及兼职工作人员工作临时安排的空闲的办公位置。比较适合在家工作、远程工作、弹性时间工作者及兼职人员。其有利于节省空间和办公资金；办公桌和办公室空间具有灵活安排性；为工作节省时间。但临时办公桌会使员工缺乏归属感；对组织管理提出了更加细致的要求；员工缺乏交流、缺乏信任从而降低了工作效率；团队意识差；难以管理和监督。

⑦交叉工作。是由两人共同承担一项任务，每人工作一部分时间。其有利于留住有特殊技能的兼职员工；能激励工作人员；两人共同完成一项任务比一个人效果更好；缺勤情况下可以互相替补；是兼职工作。但，交叉工作有碍于和客户的工作和交流；交替困难会给工作造成混乱；难以保证工作的连续性。

随着新经济时代的来临，信息技术的迅猛发展，经济全球化的浪潮呼啸而来。越来越多的企业为了适应新经济时代的生存环境，进行大刀阔斧的改革，企业管理模式改革首当其冲，开始呈现远程办公，办公家庭式、分散式趋势。一方面，更多企业走上国际化道路，分支机构、合作伙伴遍布全球，不同地区、不同时区的大量业务往来使异地办公方式大行其道；伴随而来的人员频繁外出、出差使得人们对使用移动通讯、进行移动办公的呼声越来越高。另一方

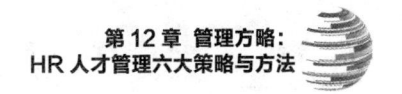

面，为精简机构、提高工作效率、降低办公成本，越来越多的企业开始选择让员工在家办公。据统计，在美国已有3000万人在家中远程办公，占美国工作总人数的16%~19%。随着个人电脑和互联网应用技术的普及，居家办公形式的使用呈快速增长之势。人们依靠一台计算机接入专网或者互联网办公，与组织沟通，与同事协同办公。以上种种迹象表明，灵活用工、远程办公是未来企业管理和采用企业办公模式的一种不可避免的发展趋势。

参考文献

1.[美]丹尼尔·平克.驱动力[M].龚怡屏译,北京:中国人民大学出版社,2012.

2.[日]和田一夫.从零开始的经营学(中文版改名为《不死鸟——和田一夫自叙过去和现在》)[M].徐静波译,上海:上海百家出版社,2001.

3.[西]巴尔塔沙·葛拉西安.智慧书[M].王涌芬译,北京:中央编译出版社,2009.

4.[美]弗雷德里克·赫茨伯格.工作的激励因素[M].北京:人民出版社,2009.

5.[美]布莱恩·贝克尔、马克·休斯里德.曾佳、康至军译.重新定义人才[M].杭州:浙江人民出版社,2016.